Y.4905 Réserve

2130.

NOVVELLES
OEVVRES
DE FEV Mr
THEOPHILE

Composées d'excellentes Lettres
Françoises & Latines.

*Soigneusement recueillies, mises en
ordre & corrigées, par
Mr MAYRET.*

A PARIS,
Chez ANTOINE DE SOMMAVILLE, au
Palais, dans la Salle des Merciers à
l'Escu de France.

M. DC. XLVIII.
VEC PRIVILEGE DV ROY.

A
MONSEIGNEVR
L'EMINENTISSIME
CARDINAL DVC
DE RICHELIEV.

ONSEIGNEVR,

Il y a long-temps que ie dois infiniment à Voſtre Eminence,

ã ij

EPISTRE.

& que ie cherche quelque occasion de luy rendre par mes Escrits un tesmoignage public de ma reconnoissance & de mon zele : Mais n'oZant jamais rien attendre de mon esprit, qui puisse estre digne du vostre, il est à propos que ie me serue d'vn bien qui n'est pas à moy, pour meriter en quelque façon celuy que vous m'auez fait. C'est icy veritablement que le HaZard vient au secours de mon dessein, & que la nature m'ayant refusé les moyens de vous agréer par mes ouurages, ie tiens à tout le moins de la Fortune, & la matiere, & l'esperance de pouuoir le faire par ceux d'autruy. Ouy,

EPISTRE.

MONSEIGNEVR, elle n'a pû souffrir à la fin, que les passions que i'ay de vous plaire, fussent plus long-temps inutiles; & voulant peut-estre par une seule obligation m'oster le souuenir de tous les outrages qu'elle m'a faits; Elle a remis entre mes mains le Tresor que ie mets aux pieds de Vostre Eminence. C'est le nom que ie veux donner par excellence, aux dernieres productions d'vn des premiers Esprits de nostre aage, & qui n'a pas esté moins fameux par ses mal-heurs que par ses escrits. Si cette viue lumiere du Parnasse jouyssoit encor de celle du iour, il est sans doute qu'elle r'amas-

EPISTRE.

seroit tous ses feux & tous ses rayons, afin de laisser plus esclattantes à la posterité, les merueilles de vostre vie. Ayant soigneusement obserué comme i'ay fait, les deux dernieres années de cet Excellent Homme, ie puis dire auec certitude, qu'il fut trop iuste estimateur de la Vertu en general, pour ne rendre pas à la vostre en particulier, les hommages qu'elle merite. Ses conuersations m'ont appris qu'il estoit trop amoureux des Heros de l'Antiquité, pour ne deuenir pas Idolatre de ceux de son Siecle & de sa Patrie. Trouuant en vos Actions une matiere proportionnée à la grandeur de son Genie,

EPISTRE.

il est croyable que la carriere du Poëme Epique eust fait l'espreuue de sa force & de son haleine; Et nous choisirions comme fleurs, les belles choses que vous auez faites, parmy celles qu'il auroit escrites. De sorte, MONSEIGNEVR, qu'en me donnāt l'honneur de vous dedier ce nouueau Recueil des meilleures Lettres de Theophile, il m'est permis esgallement, de suiure en cecy son inclination, & de satisfaire à la mienne. Dans l'impuissance de vous presenter ce que ie voudrois, ie m'accommode à la necessité de vous offrir ce que ie puis, & ne m'estimant pas assez riche de mes propres Biens, i'employe

EPISTRE.

ceux de mon Amy pour en compoſer mon offrande; auec la meſme raiſon qui fait qu'en matiere de culte & de ſacrifice; l'Encens d'vn Preſtre bien intentionné ne laiſſe pas d'eſtre agreable & de bonne odeur à la Diuinité qu'il adore, quoy que le parfum dont il vſe ne ſoit pas proprement à luy, ny de ſa façon, ou que l'arbre qui l'a produit, ne ſoit pas de ſon heritage. Enfin, MONSEIGNEVR, i'ayme beaucoup mieux charger vos Autels, de Victimes empruntées, que ne vous ſacrifier rien du tout, puis que c'eſt aux choſes de cette nature, que le merite de l'action prend ſa meſure de la volonté.

EPISTRE.

Au demeurant, ie n'ignore pas que chez nous & parmy les Estrangers, la protection de Vostre Eminence fait vne bonne partie de la felicité des Peuples & des Souuerains : Ce n'est pas toutesfois, ny la premiere, ny la plus importante faueur que ie luy demande pour mon Autheur ; encor que la hayne de ceux qui ne l'ont persecuté jusques à la fin, que pour ce qu'ils ne l'ont jamais bien connu, ne soit possible pas esteinte auec sa cendre. Il est icy question (MONSEIGNEVR) de quelque chose de plus extraordinaire, que de sauuer sa reputation des efforts de la Calomnie : l'oubly qui suit les longues an-

EPISTRE.

nées, & qui destruit insensiblement la memoire des plus grands Hommes, a si fort affoibly celle de ce Diuin Esprit, (qu'à la honte de nostre siecle) on diroit quasi qu'elle est aussi morte que luy: C'est donc à Vostre Eminence à la retirer du Tombeau, autant pour conseruer la gloire des Muses, que pour augmenter la sienne propre, en adjoustant aux Miracles qu'elle a déja faits, celuy de resusciter les morts par la puissance de son Nom. En effait, MONSEIGNEVR, c'est par le Nom Illustre de RICHELIEV que celuy de Theophile peut acquerir infailliblemët l'immortalité qu'il a meritée. Accor-

EPISTRE.

dez-luy, s'il vous plaist, le priuilege de s'en glorifier, que ie vous demande pour luy & à moy la permission de me dire tousiours auec toute sorte de Respects,

MONSEIGNEVR,

De Vostre Eminence,

Tres-humble, tres-fidelle
& tres-obeyssant seruiteur.

MAYRET.

ADVIS AV LECTEVR.

AMy Lecteur, outre la raison generale de l'vtilité publique, deux autres bien particulieres m'obligent encore de faire imprimer ce Recueil: La premiere est vne consideration de Deuoir, & la seconde en est vne d'Amitié. L'vne enuisage la reputation d'vn rare Esprit qui me fut Amy, l'autre regarde la memoire d'vn grand Hôme en toutes façons, qui fut nostre Maistre commun. Côme ie dois à la nourriture qu'il m'a dónee, ce que ie puis auoir de meilleur pour le môde, & que ie haï l'ingratitude & les ingrats sur toutes choses; il m'est impossible de rencôtrer vne

AV LECTEVR.

occasion de faire éclater mon ressentiment en sa faueur, que ie ne l'embrasse auec ioye. De-là vient qu'encores que les dernieres œuures de Monsieur Theophile ne fussent pas fort excellentes d'elles-mesmes comme elles sont, c'est assez pour me les rendre precieuses, que de voir en plusieurs de ses Lettres, le beau nom de Mont-morancy. Il y a deja fort long-temps que le dernier Heros de cette Illustre Maison, me fit depositaire de deux Liures couuerts de velin blanc, auec des rubans rose seiche, contenans plusieurs pieces rares de mon Autheur, escrites de sa propre main : Entre lesquelles il me souuiét que i'auois choisi son Epistre d'Acteon comme vne piece qui tient beaucoup du Caractere de la vraye Poësie, à dessein de l'inse-

ADVIS

rer aux œuures Lyriques, qui sont en suitte de ma Siluanire, selon que peuuent tesmoigner ceux-mesmes qui l'ont distribuee : mais quelques considerations m'en empescherent. Ie marque cette circonstance pour faire voir que le tresor que ie te donne, est veritablement de Theophile, & que ie te l'aurois descouuert plustost, si ie ne l'auois perdu moy mesme il y a long-temps, entre les mains d'vn Gentil-hõme de merite & de condition, nommé Soudeilles à qui ie l'auois presté. A la fin la fortune m'ayant fait esgarer ces manuscripts originaux, i'en ay pour le moins trouué quelques copies, mais à la verité moins correctes & moins entieres que ie ne l'eûse souhaité, tant pour ta satisfactiõ & la mienne, que pour la gloire de

AV LECTEVR.

mon Autheur; y trouuant à dire quantité de pieces en prose & en vers, que i'auois leuës dans les deux Liures que feu Monseigneur de Montmorency m'auoit fait l'honneur de me donner; entr'autres vn traité de l'Amitié de Ciceron. C'est pourquoy ie coniure icy les honnestes gens, entre les mains de qui elles pourroient estre tōbees, de contribuer auec moy à la reputation de celuy qui les a produites, en me dōnant aduis, ou moyen de les recouurer, afin de les ioindre au corps de ses autres œuures, à la premiere impression qui s'en fera. I'employe la priere pour tous, & l'espoir de la recompense pour ceux qui voudroiēt autre chose que des complimens: La boutique du Marchand Libraire qui vend le present volume sera

ADVIS AV LECTEVR

toufiours l'adreſſe des vns & des autres. Au reſte ie ferois tort à Monſieur Theophile, ſi tout mort qu'il eſt, ie ne faiſois valoir ces ouurages-cy par la recommandation de ſa renommee, pluſtoſt que par celle de mon teſmoignage. Ie diray ſeulement à ſa loüange, qu'on peut remarquer en ſes Lettres, vne force d'imagination, vne viuacité d'eſprit, & vne beauté de ſtyle concis, qui ſe rencontrent rarement toutes enſemble en vn meſme Genie, & qui me font dire pour le loüer beaucoup en peu de mots, que Montagne & luy ſont les deux Senecques de noſtre aage & de noſtre langue. A Dieu.

TABLE DES
LETTRES CON-
TENVES EN CE
RECVEIL.

L. 1 A Monseigneur le Duc de Mont-morency. fol. 1.
L. 2 A Monseigneur le Duc de Bouquinkant. fol. 4
L. 3 A Monsieur Boyer. fol. 8
L. 4 A Monsieur Des-Barreaux. f. 11
L. 5 A Monsieur le Long. fol. 17
L. 6 A Monseigneur le Duc de Mont-morency. fol. 21
L. 7 A Monseigneur de Lyancourt. fol. 25
L. 8 A Monseigneur ∴ ∴ fol. 27
L. 9 A Monsieur le Comte de Clermont de Loudeues. fol 46
L. 10 A Monsieur Boyer. fol. 48
L. 11 A Monseigneur de Lyancourt.

ē

TABLE.

fol. 52

L. 12. A Monseigneur le President de Belliévre. fol. 55

L. 13. A Monsieur Menard President d'Aurillac fol. 60

L. 14. A Monsieur Olier. fol. 64

L. 15. A Monseigneur de Lyancourt. fol. 66

L. 16. A Monsieur le Comte de Rieux. fol. 71

L. 17. A Monsieur le Comte de Clermont. fol. 73

L. 18. A vn sot Amy. fol. 76

L. 19. A Madame de ·.·.· fol. 88

L. 20. A Monseigneur de Montmorency. fol. 91

L. 21. A Monsieur le Baron de Bergerac. fol. 94

L. 22. A Monseigneur l'Euesque d'Ades. fol 96

L. 23. A Monsieur le Comte des Chapelles. fol. 100

L. 24. A Monsieur de Villautrets, Conseiller au Parlement. fol. 103

L. 25. A Monsieur Duret. fol. 105

L. 26. A Monseigneur de Lyancourt.

TABLE.

fol. 107

L. 27. A Monsieur le Comte de Bethune. fol. 110

L. 28. A Monsieur de Pezé. fol. 114

L. 29. A Madame de .... fol. 119

L. 30. A Caliste. fol. 122

L. 31. A Monsieur Clain, Conseiller au parlement. fol. 127

L. 32. A Monsieur de S. Marc Otheman, Conseiller au Parlement. fol. 129

L. 33. A Monseigneur le premier President. fol. 133

L. 34. A Monsieur le Marquis d'Afferac. fol. 138

L. 35. A Monsieur le Comte de Clermont. fol. 144

L. 36. A Monsieur des-Barreaux. f. 147

L. 37. A Monsieur de l'Affemas. f. 149

L. 38. A Monsieur de Bellinquant, premier Valet de Chambre du Roy. fol. 151

L. 39. A Monseigneur de Mont-morency.

L. 40. Au mesme. fol. 157

L. 41. A Monsieur Moranger, Gentil-

TABLE.

homme de la Chambre de Monseigneur de Mont-morency. f.160

L. 42. A Monsieur de Guas, Gentilhomme ordinaire de Monseigneur le Duc de Mont-morency. fol.163

L. 43. A Monsieur Pitard. fol.167

L. 44. A Monseigneur de Lyancourt. fol.170

L. 45. A Monseigneur le Duc de Mont-morency. fol.173

L. 46. A Monsieur d'Elbeine, Euesque d'Alby. fol.176

L. 47. A Madame la Comtesse de la Roche. fol.180

L. 48. A Monsieur le Vicomte du Plessis. fol.182

L. 49. A Monsieur Hureau, Secretaire de Monseigneur de Mont-morency. fol.185

L. 50. A Madame de fol.188

L. 51. A Caliste. fol.194

L. 52. A la mesme. fol.197

L. 53. A la mesme. fol.201

L. 54. A la mesme. fol.203

L. 55. A la mesme. fol.205

L. 56. A Madame la Duchesse de

TABLE.

Mont-morency. fol. 208

L. 57. A Monseigneur le Comte de Bouteuille. fol. 211

L. 58. A Monsieur l'Abbé de Sainct Maurice. fol. 218

L. 59. A Monsieur de la Fosse Tresorier de France fol. 221

L. 60. A Caliste. fol. 224

L. 61. A Monsieur le Comte des Chappelles. fol. 229

L. 62. A Monsieur l'Abbé de S. Paul. fol. 233

L. 63. A Monseigneur le Marquis des Portes. fol. 239

L. 64. A Monsieur du Guas Gentil-homme de Monseigneur de Mont-morency. fol. 242

L. 65. A Monsieur le Baron de Sainct Marcel. fol. 245

L. 66. A son amy Tircis. fol. 249

L. 67. A Monseigneur le Marquis des Portes. fol. 255

L. 68. A Monsieur le Comte de Clermont. fol. 2 7

L. 69. A Monsieur le Vicomte de Paule. fol. 259

TABLE.

L. 70. A Monsieur Pitard. fol. 262

L. 71. A Monsieur l'Abbé de S. Paul. fol. 266

L. 72. A Monseigneur le Marquis de Humieres. fol. 270

Epistre d'Acteon à Diane. fol. 276

SVIVENT LES
Lettres Latines.

Vallæus Theophilo suo. Epist. 1. fol. 349

Theophilus Vallæo suo. Epist. 2. fol. 352

Theophilus Ducæo suo. Epist. 3. fol. 356

Ad Dominum Lulerium. Epist. 4. fol. 358

Ad Eumdem. Epist. 5. fol. 362

Vallæo suo amatissimo. Epist. 7. fol. 368

Ad Dominum de la Pigeonniere.

TABLE.

Epist. 8. fol. 371
Ad Dominum Lulerium. Epist. 9. fol. 374
Ad Eruditum Virum Dominum Bertium. Epist. 10. fol. 380
Ad Eumdem. Epist. 11. fol. 382
Ad Carissimum Vallæum. Epist. 12. fol. 384
Ad Eumdem. Epist. 13. fol. 387
Ad Dominum Lulerium. Epist. 14. fol. 389
Ad Carolum Sanguinum. Epist. 15. fol. 391
Ad Vallæum. Epist. 16. fol. 394
Ad Eumdem. Epist. 17. fol. 396
Ad Doctissimum Virum Pitardum. Epist. 18. fol. 403
Ad Eumdem. Epist. 19. fol. 407
Ad Principem Poloniæ. Epist. 20. fol. 412
Ad Vallæum suum dilectissimum. Epist. 21. fol. 414
Ad Dominum Comitem de Candale. Epist. 22. fol. 416

F I N.

THEOPHILE DE VIAU GENTIL-HOMME DE LA CHAMBRE DV ROY

Malgré la Mort et ses outrages
Le fameux Theophile est icy tout entier
Son visage et son air sont peints en ce papier
Et son esprit en ses ouurages.

NOVVELLES OEVVRES DE Mr. THEOPHILE.

A MONSEIGNEVR LE Dvc de Mont-morency, Pair & Grand Admiral de France.

LETTRE I.

ONSEIGNEVR,

On se resioüit icy du succez

de voſtre bataille, & pour le bien que l'Eſtat en reçoit, & pour la gloire qui vous en reuient. Il ſemble que voſtre reputation ſoit auſſi chere à la France que ſon propre ſalut. Vn autre que vous n'auroit pas eu ce bon-heur accompagné d'vne ioye ſi generalle; Ce témoignage de l'amour publique eſt auiourd'huy ſi viſible, que ie ne ſçaurois moy meſme vous faire vn compliment particulier, & dans vn ſi grand ſuiet de contentemét, ie m'afflige de voir que chacun ſe flatte auſſi doucement de cette nouuelle, & la croit reſſentir

Mr THEOPHILE.

aussi viuement que moy, qui pensois estre plus que tous,

MONSEIGNEVR,

Vostre, &c.

Ce 21. Septembre 1625.

OEVVRES DE

A

MONSEIGNEVR
LE DVC DE
BOQVINKANT.

LETTRE II.

MONSEIGNEVR,

Lors que vous fustes à Paris, vous parlastes ouuertement pour ma liberté; Ce témoignage de vostre faueur estoit vne marque de mon innocence, & il se trouue que vos inclinatiós

Mr THEOPHILE.

ont vn tel rapport auec la Iustice, qu'il a fallu absoudre celuy que vous auez voulu sauuer. Ie sçay bien que i'ay merité de mes iuges cette iustification, mais nõ pas de vous cette amitié. Si vos commandemens me mettent quelque iour aux termes de m'en rendre digne, ie feray voir que vostre affection se fera plutost trompée par vostre vertu, que par mon ingratitude, & que pour m'auoir fait trop de bien, ie n'en puis dire assez de vous. Plusieurs vous peuuẽt mieux seruir & mieux loüer que moy, mais, MONSEIGNEVR, ie vous respecteray & vous aimeray tousiours mieux que tous. Si ie n'ay pas continué les vers dont ie vous fis vn compliment en Angleterre, rien ne m'a rebuté de ce trauail que vostre liberalité: Ie pésois y porter vn Tribut pour vous, & ce fut vn present pour moy; vous me fistes tort de payer ce que ie vous donnois, & cette facilité que vous auez d'enrichir tout le monde, est auiourd'huy si connuë, que c'est estre mercenaire que de vous obliger. Par là vous m'ostez la liberté de m'acquiter de mon deuoir, & dans le souuenir que ie garde de vos biens-faits, ie ne sçay si ie dois des loüanges ou des reproches à vostre naturel, si bien que vous prendrez, s'il vous plaist, en bonne part, le dessein que i'ay fait de ne vous rendre aucun seruice que vous ne me le demandiez; I'attendray cét honneur auec impatience, & me conserueray tousiours le desir d'estre estimé plus que personne du monde,

MONSEIGNEVR,

Vostre, &c,
A iiij

OEVVRES DE

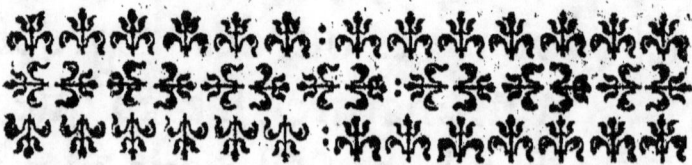

A MONSIEVR
BOYER.

LETTRE III.

Monsievr,

Le bien de ma liberté commêce de m'estre sensible par le plaisir que i'ay de vous escrire, sur tout dans vn suiet qui m'est agreable, pource qu'il vous est glorieux : Ie suis bien aise que vous teniez tousiours ma plu-

me aux termes de vous loüer.
C'est par où ie veux payer vne
partie des obligations que ie
vous ay; lors que ie defcriray
cette illuftre victoire, i'approcheray le plus des loüanges de
Monfeigneur, ceux qui auront
efté les pl⁹ proches de fa valeur.
Ie penfe par-là vous promettre
vne bône place. Auffi-toft que
ie pourray m'affurer vn peu de
repos, ou en France, où ailleurs,
ie commenceray ce trauail, en
fuitte de la maifon de Syluie, ie
loüe Dieu que les perfecutions
ne m'ôt point laiffé de foibleffe
qui me menace de difcôtinuer
cét ouurage qui m'eft fi cher:

Entretenez moy toufiours aux bonnes graces de voftre General, & me faites l'honneur de m'aimer ; car ie fuis toufiours paffionnément,

MONSIEVR,

Voftre.

A MONSIEVR
DES-BARREAVX,
Conseiller au Parlement.

LETTRE IV.

MONSIEVR,

Depuis que vostre pere est mort, on ne sçait lequel est le plus enseuely de vous deux: car on ne vous voit non plus l'vn que l'autre. Ie vous aproue bien de regreter sa vie, mais non pas de haïr la vostre. Lors que les douleurs sõt iustes, c'est vne tyrãnie que de les destourner, & vne resolution soudaine en des accidens outrageux, est vne constance qui tient beaucoup de l'insẽsibilité de la beste, & fort peu de la nature de l'homme. Ie ne veux point resister à vostre affliction, i'aymerois mieux luy ayder afin de l'acheuer plutost ; Ce mal s'accroit par la resistãce, & ne peut mourir que de son alimẽt : Les hommes cherchẽt en vain des consolations où la nature n'a sçeu trouuer de remede. Puis que vous deuez vostre naissance à l'amour de vostre pere, vostre amour doit des larmes à sa mort. Vous estes trop genereux pour manquer à ce deuoir, & dans vne tristesse si legitime, il faudroit estre bien adroit pour vous diuertir, & bien ignorant pour vous reprendre: La raison mesme sãs se trahir ne sçauroit vaincre vn sentimēt si naturel, & les considerations de quelque aduantage que vostre ieunesse semble tirer de ce malheur, sont des aparences d'vn faux plaisir qui ne sçauroit voꝰ dōner vne consolation sans vn crime. Les grands biens qu'il vous a laissez, la commodité d'vne charge, la licence d'vne vie moins contrainte, ne sont que des moyens où les ames lasches cherchent ingratemēt dequoy repousser les mouuements de la pieté: mais tous ces objets ne sont à vostre bon naturel que de plus viues images de vostre mal, & des obligations à mieux plaindre celuy que vous auez perdu, puis que tout le gain que vous en faites, vous represēte mieux son amitié, & vous en fait mieux ressentir la perte. La plus infaillible marque d'vn vray fils paroist en cette vertu secrette du sang, qui ne peut dementir sa ioye en la compagnie de son pere, ny trahir sa douleur en sa separation. Ces tesmoignages d'vne ame bien nee paroissent assez en vous dans les veritables passions, & du plaisir, & de la peine, que la vie & la mort de voftre pere, vous ont donnees; Mais puis que toute voftre affliction eft à cause de luy, souuenez-vous qu'il n'aima jamais rien tant que voftre repos, & que pour eftre à son gré vous y deuez consentir; rendez cette complaisance au souuenir de son amitié, aussi bien le temps accompliroit sa volonté & voftre deuoir ; ne vous laissez point eftourdir à la tristesse. Si vous voulez plaire à quelqu'vn, taschez de luy ressembler, imitez celuy que vous plaignez, & faites parestre en sa mort, la constance qu'il a monstree en tous les accidens de sa vie. C'est le conseil que vous donne,

MONSIEVR,

Vostre, &c.

A MONSIEVR
LE LONG.
LETTRE V.

MONSIEVR,

Si vous ne m'eussiez preuenu, ie vous allois prier qu'autre que moy ne trauaillast à l'Epitaphe de vostre fils, pour ce que l'ayant aymé vniquement comme i'ay fait, ie pense meriter par dessus tous l'hon-

B

neur de luy en rendre ce tefmoignage. Il me faudroit bien contraindre pour empefcher le reffentiment que i'ay de fa perte. Ie vous iure qu'en cette douleur ie ne cede peut eftre pas à vous-mefme. Sa vertu obligeoit tout le monde, mais fon affection auoit particulierement affujetty la mienne. Il me femble que i'ay perdu mon frere, & que ie ne fuis point encore en liberté, puis qu'au fortir de la prifon ie ne puis auoir l'honneur de l'embraffer; Ie vous euffe efté voir, mais i'ay l'ame encore viuement bleffée de cette affliction, & i'ay craint que mes plaintes ne rafraifchiffent les voftres. Ie loüe beaucoup le fouuenir que vous auez de fa gloire, & me fens foible pour refpondre par mes vers à voftre reffentiment, & à fon merite : Toutesfois fi vous me voulez aimer autant qu'il a fait, vous prendrez en bonne part ce que i'ay deftiné en faueur de noftre amitié. Ie ne me contenteray pas des lignes que vous me prefcriuez, car i'ay trop de penfées fur ce mal-heur pour reftraindre mes imaginations à fi peu de vers que vous me demandez; auffi-

OEVVRES DE

tost que i'auray vn peu de liberté i'y mettray serieusement l'esprit & la main. Cependant ie vous coniure auec jalousie de ne donner cet auantage à personne, que premierement vous n'ayez veu mon trauail: Nous ferons vne Epitaphe de dix ou douze vers, & vne Elegie de plus de cent, & ie ne pense pas escrire de ma vie sur quelque sujet vertueux, où ie ne recherche l'occasion de donner des loüanges à celuy à qui i'auois donné mon cœur & mon estime, & de qui i'ay tousiours esté comme ie vous suis,
MONSIEVR,

Vostre, &c.

A

MONSEIGNEVR
LE DVC DE MONT-
morency.

LETTRE VI.

MONSEIGNEVR,

Apres auoir rendu mon innocence claire à tout le monde, encore a-il fallu donner à la fureur publique vn arrest de bannissement contre moy;

Si i'auois de la vertu, ce coup d'enuie me seroit glorieux, mais mon peu de merite m'en fait aprehender quelque honte : Toutesfois les caresses de mes amis que ie ne voy point rebutez de mon mal-heur, me consolent de cette peine, & me font tirer vanité de ma persecution; Sur le poinct de mon iugement il a semblé que me secourir estoit vne infamie, & que personne ne sollicitoit pour moy s'il n'auoit part à mes accusations. Monsieur de **chez qui ie suis, & Monsieur de **ont esté presque les seuls qui ouuertement ont fauorisé mon innocence? Ils se sont animez genereusement par le danger, & ce qui les a plus picquez de me sauuer, ç'ont esté les apparences de ma perte. Ceux-là, sans doute, Monseigneur, ont voulu tenir vostre place, & ie croy qu'il ne falloit plus que vous pour me faire absoudre entierement; Si ie sçauois que vous fussiez tousiours absent ie serois fort paresseux à solliciter mon r'appel, & s'il me faut resoudre à partir, ie ne veux aller que là où vous serez; & ne m'estimeray iamais banny, si ie ne le suis de vos bonnes graces, puis que c'est toute la gloire, & la principa-esperance qui reste à,

MONSEIGNEVR,

Vostre, &c.

A MONSEIGNEVR DE LYANCOVRT.

LETTRE VII.

MONSEIGNEVR,

Tant que vous me continüerez voſtre affection, ie pardonne à la fortune de me continuer ſa hayne : Elle à raiſon de m'enuier vne ſi grande proſperité, & tant que ie seray dans vostre souuenir, quelque disgrace qui m'arriue j'auray tousiours plus de besoin de moderer ma joye que de consoler ma douleur. Il n'y a que vostre malheur qui me puisse tenir lieu d'aduersité, & ie seray tousiours heureux, s'il vous plaist que ie sois toûjours,

MONSEIGNEVR,

Vostre, &c.

A

MONSEIGNEVR

DE L.

LETTRE VIII.

MONSEIGNEVR,

Depuis que l'âge & la conuersation des hommes ont façonné dans mon ame, la raison qu'il a pleu à Dieu de m'inspirer auec la vie, i'ay connu dans l'opinion que les honnestes gens ont de moy, que i'auois des sentimens en la connoissance des choses, assez clairs, & selon le sens commun. I'ay esté bien aise de me flatter en cette creance sur le iugement d'autruy. Cette impression m'a donné la hardiesse d'ouurir mes pensées à tous propos, & cette liberté ma si bien reüssi que i'en ay fait vne coustume, sur tout en l'occasion de mon aduantage ou de l'interest de ceux que i'ayme. Ie me trouue enclin naturellement à tesmoigner ce que i'ay dans l'ame, vostre consideration (Monseigneur) qui m'est aussi chere que la mienne propre, me presse aujourd'huy de cette franchise ; ie sens qu'il m'est impossible de refuser à vostre bien & à ma passion, vn aduis que ie vous veux donner ; si cette sorte d'entretien semble vn peu tenir de la reprimande; c'est bien asseurement contre mon naturel, & l'extreme desir que i'ay tousiours eu de vous plaire. Tout autre que moy vous offenseroit au discours que i'entreprends de vous faire, & ce que ie ne puis taire, sans trahir mon deuoir, ie ne sçaurois vous le dire sans crime : car i'ay voſtre ſeruice tellement à cœur, & ſuis ſi peu capable de feinte, que vous paſſerez pour ingrat ſi mes cenſures ne vous obligent. Vous eſtes ſãs doute le ſeul au monde que i'ay ſeruy auec vne affectió parfaite & ſans diuertiſſement. Auſſi ne puis-je nier que l'hõneur que vous m'auez fait, ne fuſt capable de donner aux plus meſconnoiſſans, la meſme fermeté que ie garde encore à voſtre ſeruice ; graces à Dieu & à voſtre bon naturel, ie n'ay point de mauuais traittement de voſtre part qui doiue rebuter l'enuie que i'ay

Mr THEOPHILE.

de ne sortir iamais de seruitude, les mesmes mouuemens que vous auez au desir de me retenir, ie les ay & plus violents en la crainte de vous perdre ; & sur la presomption que i'ay de l'intelligence de vostre ame auec la mienne, ie ne dois rien craindre à vous dire : mais bien moins à vous escrire : Car quelque force que ie puisse auoir dans l'ame, vostre presence tient mes pensées contraintes, aussi pour n'estre pas retenu de ce respect inutile, ie me retire en mon cabinet assez à repos, la plume à la main, les yeux & l'esprit en liberté, sinon qu'il me semble que ie vous oy soûpirer icy tout contre, & cela me destourne. Ce voisinage me seroit bien agreable, s'il ne vous estoit si dangereux, & ie ferois ouyr beaucoup de choses à son honneur, s'il n'en faisoit tant voir à vostre honte. Mes yeux qui sont tousiours attachez à l'objet de vostre mal-heur, me reprochent vn silence trop lasche, & m'accusent de peu d'amitié. Il est permis à plusieurs de vous laisser faire des fautes, & ceux de vostre condition à qui vostre merite donne de la ialousie sont

Mʀ THEOPHILE. 33

font bien aife de voftre ruïne, & confentent à leur aduantage, que voftre vertu languiffe, en vn defir fi bas, & en de fi molles occupations: mais moy qui m'intereffe en voftre gloire, & qui ne puis eftre toute ma vie qu'vne ombre de voftre perfonne, ie ne puis laiffer rien diminuer du voftre, que ie n'y perde autant du mien ; Que fi vous eftes malade iufques à ne fentir plus voftre mal, ie m'en veux reffentir pour moy, & m'en plaindre au moins pour tous deux. Connoiffez ie vous prie que vous eftes en l'âge ou
C

se posent les fondemens de la reputation, & ou se commence proprement l'estat de la vie. Ce que vous en auez passé jusques-icy est ennuieux, & n'en vaut pas le souuenir. Il est vray que par les coniectures qu'on en doit tirer, vostre ieunesse est de bon presage, & autant que les tesmoignages de la minorité peuuent auoir de foy, on a iugé de vous que vous auez l'esprit beau, & le courage bon, & les dispositions de l'ame fort genereuses. Ie parle sans flatterie, car ie n'en ay pris à ce propos, ny le dessein

Mr THEOPHILE. 35
ny la matiere; Sans doute que voſtre planette n'eſt pas en mauuais lieu, & qu'elle ſemble promettre de grādes eſperances à vos amis. Elle engage les inclinations de chacun. Ie n'auois jamais veu perſonne ſe plaindre de voſtre entretien, on tiroit bon augure de voſtre rencontre, & vous auiez dans la Phiſionomie de la ioye pour ceux qui vous regardoient; ceux-meſme à qui vous deuez la vie & la fortune treuuoient du bon-heur à vous careſſer. Ie ne ſçay pas à quel poinct vous en eſtes maintenant auec eux; mais ils
C ij

font croire, ou qu'ils font bien irritez, ou qu'ils ne vous aiment plus, & que s'ils perdent le foin de vous reprendre, ils ont perdu l'enuie de vous obliger. La plufpart de vos amis qui me difoient mille biens de vous, depuis quelque temps fe taifent, & font cōme en doute de fe dire. Ils craignent de s'eftre mefcontez en l'opinion qu'ils ont euë de vous & d'auoir donné de leur reputation à faire valoir la voftre; Auffi comme fi vous eftiez incapable de la garder, ou honteux de l'auoir perduë; Vous ne rendez aucun deuoir à la conseruation de cette bonne estime: Vous n'auez plus pas vne heure pour vos amis, ny pour vos exercices : Tout se donne à vne oysiueté bien nuisible à vostre auancement, & vous joüez le personnage du plus méprisé de tous les hommes de vostre sorte. La passion que vous eustes pour ** estoit auec autant d'excez, mais auecque mois de malheur, & puis qu'elle a sitost cessé, vous n'en deuez pas continuer vne beaucoup plus iniuste. Vous verrez qu'insensiblement cette molesse vous abbatra le courage : vostre esprit n'aymera plus les bonnes choses: Vous desauouërez mes vers, & ie vous coniure de les oublier ; car mes flatteries ont merité ce chastiment, & ie me suis resolu de le receuoir. Connoissez desia que ie me veux moins donner de peine à vous contenter, puis que ie me range à la prose que vous n'aymez point, & principalement la miéne tresrude, comme estant toute de mon naturel & sans aucune imitation; Mes vers sans doute vous plairoient dauantage, mais la tristesse ou vous me tenez me cache toutes mes ri-

Mʀ THEOPHILE. 39
mes, & si par vn adueu de cette
censure, vous ne me redonnez
la ioye, ie veux enseuelir
ma Muse & vostre memoire
eternellement.

Mais s'il te reste encore
quelque flamme
Des beaux desirs que ie t'ay
veus dans l'ame.

Et qu'il vous plaise de donner
vn peu de creāce aux conseils
de mon amitié & de vostre
propre iugement, vous reparerez
bien-tost ce qui est descheu
de mon esperance & recouurerez
aisement ce que
vous auez perdu de fortune
& de liberté. Ne suiuez donc

point auec tant de violence vn desir de mauuais objet, on dit que les grands esprits n'ont point de mesure en leurs passions, & qu'ordinairement ils les poussent iusques au bout. S'ils aiment c'est iusques au sang, s'ils haïssent c'est iusques à la mort; mais i'estime que le merite de ces gens-là seroit plus entier sans ce deffaut. Ie ne vous parle point d'exemples, ie ne suis point eloquent & ne me connois point à le contrefaire, de mesme que ie n'affecte point la gloire de bõ Orateur; mais à vous discourir raisonnablement, & de mon sens, selon le rapport de nos esprits, & la ressemblance de nos humeurs, ie trouue que vous relaschez beaucoup & que vous estes bien esloigné du train d'vne bonne vie pleine d'honneur & de repos; Vous me reprocherez d'auoir escrit autrefois,

La race, la grandeur, l'argent, la renommée,
Aux iugemens bien clairs sont moins qu'vne fumée,
C'est vn esclat pipeur qui se montre & qui fuit,
Auec l'entendement du brutal qui le suit.

Ce sont bien des sentences

veritables ; mais qui ne sont bonnes à pratiquer que dans des Conuents & loin de toutes conuersations ciuiles : Car tant que nous sommes dans le monde, obligez aux sentimens du mespris & de la loüange; des commoditez & de la pauureté : on ne se peut passer du soin de sa condition. Remarquez en la vostre combien vous estes reculé de vostre deuoir : combien le soin que vous auez est indigne de celuy que vous deuez auoir : Quel est le lieu où vous faites vostre Cour, au prix de celuy où vous la deuez faire : Quelles font les personnes que vous aimez au prix de celles qui vo9 ayment ; Il vous est facile de vous ruiner, ne vous obstinez point mal à propos, & ne vous piquez iamais contre vous-mesme. Vous estes opiniastre à vous trauailler, & ne sçauez pas vous donner vn moment de loisir pour examiner vostre pensee. Souuenez-vous que ce qui vous allume dauantage à cette frenesie, ce n'est qu'vne difficulté industrieuse qu'ō vous propose pour irriter vostre desir, qu'vne acquisition sans peine appaiseroit incontinent. Sçachez que le temps vous ostera cette fureur, & que c'est vne foiblesse bien honteuse d'attendre de la necessité des années, vn remede qui vous coustera bien, au lieu que la raison qui vous le presente à bon marché; & que tant de iustes occasions vous pressent de ne differer plus le restablissement de vostre santé; Que si vous estes destiné à languir encor dans ces charmes. Ie prie Dieu que toutes les parties de vostre ame soient tellement occupées de l'amour, qu'il ne vous y reste point de place à loger la hayne, principalement pour moy

Mʀ THEOPHILE.
qui ne manqueray jamais de respect que pour vous rendre mon seruice auec trop de zele, de franchise & d'affection ie suis,

MONSEIGNEVR,

Voſtre, &c.

OEVVRES DE

A MONSIEVR
LE COMTE DE
Clermont de Loudeues.

LETTRE IX.

MONSIEVR,

Au sortir de ma prison, rien ne manquoit à ma liberté & à ma joye, que l'honneur de vous voir. Ma deliurance est encore imparfaite, si vous ne me deliurez des soins que vo-

stre absence me donne. Tout
la Cour vous desire, mais non
pas comme ie fais; car on vous
ayme generallement, pour ce
que voſtre merite oblige tout
le monde à vous aymer, &
ceux-meſmes à qui vous pouuez eſtre indifferent, ſont contraints de vous eſtimer, afin
de paſſer pour honneſtes gens,
& moy de peur d'eſtre eſtimé
ingrat; ce que ie ſerois ſãs doute, ſi ie n'auois quelque paſſion
reſeruee pour celuy que i'apel-
le mon Maiſtre, & qui me doit
croire ſon ſeruiteur.

A MONSIEVR
BOYER.
LETTRE X.

Monsieur,

Dans le bruit qui court icy de vos querelles, ie penſe eſtre excuſable de ne vous eſcrire point, veu que ie doute touſjours auec raiſon, ſi vous eſtes mort ou viuant. Au poinct ou vous auez mis voſtre reputation,

Mr THEOPHILE. 49
tation. Il me semble que c'est
là mesconnoistre que d'y vouloir adjouter quelque chose,
où que vous auez quelque def-
fiance de vostre espée, puis que
vous la voulez tousiours exercer. Si ie parle auec vn peu de
franchise, c'est que ie parle
auec beaucoup d'amitié. Vous
auez assez trauaillé pour vostre
gloire, il est temps que vous
commenciez d'en iouyr. Il y
a eu des Heros dans l'Antiquité qui se fussent flattez bien
doucemét de leur valeur pour
de moindres actions que celles
dont vous n'estes pas content.
Si tous les hommes choquent
D

voſtre ambition, il faut vous reſoudre à faire la guerre aux Lutins, & vous tuer vous-meſme, puis que perſonne ne le peut faire. Ie ſeray bien-toſt reſolu à voſtre perte, puis que vous m'obligez à m'y preparer tous les iours. Il vous ſeroit plus ſeur & plus ſeant de pardonner aux femmes que d'iniurier les hommes, & en ſortir pluſtoſt par meſpris que par dépit. Ie voy bien que ie vous mets en cholere, mais ie ſçay qu'vn peu d'abſence fera ma paix, & ie n'auray que trop de loiſir de me reconcilier auec vous; car ie ne

Mr THEOPHILE.
croy pas vous voir de quinze jours, qui sont plus de quinze annés à,

MONSIEVR,

Vostre, &c.

OEVVRES DE

A MONSEIGNEVR DE LYANCOVRT.

LETTRE XI.

MONSEIGNEVR,

La meilleure eſtraine que i'ay receuë en ma vie, c'eſt d'auoir ſenty au commencement de l'annee que vous commencez d'auoir voſtre liberté, & de quiter la ſujection

Mr. THEOPHILE.

de la Cour, ou voſtre premiere charge vous auoit tenu ſi lōgtemps attaché : Quelque aduātage de fortune qu'elle ſemblaſt auoir par deſſus celle-cy, il y auoit ſans doute moins d'honneur, puis qu'il y auoit plus de captiuité, & vous ne pouuiez pas vous y faire plus riche puis que vous y eſtiez moins cōtent. Vous auez pour le moins quelques années libres à choiſir & le climat & les hommes, & les occupations qui plairont le plus à voſtre vie; Et puis que ma condition me laiſſe touſiours en licence d'errer par tout, i'eſpere de participer au plaisir de me pourmener auec vous, apres que ie me seray acquité du voyage de Monseigneur dont l'affection & la courtoisie m'engagent si fort qu'il n'y a que cette necessité des astres qui m'a donné à vous, capable de vous conseruer particulierement & par dessus tous,

MONSEIGNEVR,

Vostre, &c.

Mr THEOPHILE.

A
MONSEIGNEVR
LE PRESIDENT DE
Bellievre.

LETTRE XII.

MONSEIGNEVR,

Vous m'auez retiré de la mort, mais non pas encore de la prison. Depuis les quinze jours que Monsieur le premier President me donna, ie suis contraint de me cacher, & n'ay differé mon partement que par la necessité de pouruoir à mon voyage. Ie suis sorty du cachot auec des incommoditez & de corps & de fortune, que ie ne puis pas reparer aisément, ny en peu de temps. Ce que i'auois d'argent en ma capture ne m'a point esté rendu. Mes parens dont i'attends mon dernier secours sont à deux cents lieuës d'icy. Il y a des gens qui se sont endebtez pour m'assister en ma captiuité, si ie m'en vay sans les reconnoistre, ce sera vne ingratitude que ie sentiray plus dure que mon exil. Ie vous supplie Monseigneur, tres-humblement de m'octroyer quelque respy, par le moyen duquel ie me puisse disposer à mon infortune, auec moins de precipitation & de douleur. Donnez-moy, s'il vous plaist vn peu de repos pour l'esprit, & me laissez la liberté de mettre la main à la plume pour rendre à Dieu & à la Cour les remerciemens de mon salut. La calomnie qui ne démord pas encore me presse derechef de me iustifier de quelque vers mal faits & malicieux, où la reputation de mes mœurs & de mon esprit se trouue engagée. On inuente tous les jours des pretextes à surcharger ma misere de quelque nouueau malheur. Ie dois à la satisfaction des hommes & à ma seureté vn ouurage qui témoigne mes deportements, & qui iustifie l'amitié de tant d'honnestes gens qui se sont interessez en ma disgrace. Faites, Monseigneur, au nom de Dieu que le public vous ait l'obligation de si peu de fruit que mon trauail luy peut promettre, & puis que vous m'auez laissé la vie, ne m'ostez point la liberté d'en vser. Ie dois l'vn à vostre iusti-

ce, & ie tiendray l'autre de voſtre bonté, & feray toute ma
vie.

MONSEIGNEVR,

Voſtre, &c.

OEVVRES DE

A MONSIEVR

MESNARD, PRESIdent d'Aurillac.

LETTRE XIII.

MONSEIGNEVR,

On me presse d'escrire sur le champ, & apres vn souper qui peut auoir porté iusques au trouble & à l'estourdissement vn esprit mediocre. Ce-

Mr THEOPHILE. 61

la m'oblige à faire vne mauuaiſe lettre, & par ce qu'on me donne le choix du ſujet, ie vous ay choiſi par deſſus tous, afin qu'en l'imprudence qu'on me fait faire, i'aye la gloire d'eſtre repris de vous. Ce qui les met en humeur de me procurer cette honte, eſt vn ſoupçon que Monſieur du Boſquet a conceu de la promptitude de mon eſprit, par où ie voulois excuſer quelques lettres de ma façon qu'on loüoit au delà de ce qu'elles valent, ſauf qu'ils ſe deffioient touſiours de *in promptu*, Lors que vous l'aurez veu, ie ſuis aſſeuré que

vous condamnerez leur caprice, & que vous loüerez moins
ma facilité d'escrire. Ne com-
muniquez point à Monsieur le
Comte de * ny la lettre que
ie vous escris (car vous rui-
neriez la bonne opinion qu'il
à de mon esprit) ny la dé-
bauche que Monsieur du Bos-
quet nous fait faire chez luy,
pour ce qu'il se deffieroit de
l'instruction qu'il a receuë de
son Gouuerneur. Vous dis-
poserez toutesfois à vostre gré
de ce que ie fay contre le mien,
& croirez, s'il vous plaist,
que ie n'eusse iamais consenty
à vous commencer vne lettre,

Mr THEOPHILE. 63
si ce n'est que ie sçay qu'elles
finissent toutes par,

MONSIEVR,

Vostre, &c.

OEVVRES DE

A MONSIEVR

OLIER CONSEILLER
au Parlement.

LETTRE XIV.

MONSIEVR,

En mon affection qui dure si long-temps, ie ne puis recourir qu'à celuy dont i'ay tousiours veu continuer la vertu. Ie sçay que mon malheur ne vous rebute point, &

ce

ce qui me fait plus esperer vostre faueur, c'est la longueur de ma persecution : Cela me donne la hardiesse de vous offrir cette requeste à presenter, pour obtenir autant de delay qu'il en faut à mon esprit pour vn trauail qui marque au moins l'obligation que i'ay à tous ceux qui ont pris soin de ma deliurance. Ie ne sçaurois vous rien promettre que les ressentimens d'vne personne incapable d'ingratitude, & à qui vostre merite dóne vn tres ardét desir d'estre toute sa vie,
MONSIEVR,

Vostre.

E

A

MONSEIGNEVR
DE LYANCOVRT.

LETTRE XV.

Monseigneur,

Quelque part où ie sois absent de vous, ie ne perds iamais le souuenir de l'affectiō & du seruice que ie vous doy ; & comme vous auez tousiours

Pris à cœur les occasions de m'obliger, ie ne recherche rien si soigneusement que les sujets de vous plaire. Vous sçauez que hors de la Cour, il y a peu de choses qui puissent toucher la curiosité d'vn homme de vostre sorte : Mais ie ne laisseray pas de vous enuoyer vne nouuelle de la campagne, dõt ie me promets quelque satisfaction pour vous. C'est que depuis mon depart de Paris, Mõseigneur m'a parlé de vous auec tant d'estime & d'affection que ie suis rauy de vous en communiquer ma joye, & vous preparer au ressentiment de l'amitié témoignée. Il sçait bien que l'on me flatte quand on vous louë en ma presence, mais il n'est pas de condition à me faire des complaisances, ny moy en estat de les meriter. Il m'a parlé certainemét auec vne liberté qui ne trompe pas mon iugement, & comme il est hardy par tout, il n'a point feint de me dire & fort souuent, que vous estiez le seul de vostre vollée qui possediez beaucoup de la vraye vertu, & que vous auiez touché sensiblement son inclination. Cette profession ouuerte & genereuse qu'il fait de vous cherir

Mr THEOPHILE. 69
m'attache encore à luy plus
eſtroittement, & ie ſuis bien
heureux de connoiſtre par là
qu'il me peut aymer ſans m'o-
bliger à vous eſtre ingrat ; Il
me rend aujourd'huy vne
preuue de ſa bonne volonté,
dans vne occaſion aſſés conſi-
derable. Celuy qui vous rend
ma lettre, vous en dira les cir-
conſtances : La ſomme en eſt
que Monſieur le * * pour le
reſpect des*n'a pû ſouffrir que
Monſeigneur m'amenaſt chez
luy. Nous auons eſté facilement d'accord que ie ne le ver-
rois ny luy ny les **. Ie m'en
vay demain fort mécontent
E iij

du Prince, & fort satisfait de son beau-frere. Nous serons bien-tost à l'Isle de Ré, d'où ie vous escriray les nouuelles de l'armée; ie vous en enuoyerois de l'Eschole, mais ie n'ay sçeu voir la Cour ou sont les plus gentils escholiers de France, ie suis,

MONSEIGNEVR,

Vostre, &c.

A MONSIEVR

LE COMTE DE Rieux.

LETTRE XVI.

MONSIEVR,

Vous defirez me voir en vn temps où le Soleil mefme n'a pas cette liberté ; Vne reputation de bon efprit qui fait aujourd'huy tant promener mon nom par les ruës, contraint ma perſonne de ſe cacher, & ce qui me deuroit donner de la ſeureté, ne me laiſſe iamais ſans danger. Mon ſalut ne m'eſt pas neantmoins ſi cher, que ie ne le hazarde volontiers à la curioſité que i'ay de contenter la voſtre. Celuy qui m'a parlé de vous eſt ſi puiſſant ſur moy, & m'a tellement acquis que ie ne ſçaurois luy rien refuſer que l'ingratitude; demandez luy hardiment tout ce que vous voudrez de moy, & ie l'engage à le vous accorder, car ie vous iure qu'il gouuerne abſolument,

MONSIEVR,

Voſtre.

A MONSIEVR

LE COMTE DE Clermont.

LETTRE XVII.

MONSIEVR,

Vous auez vne Maistresse qui m'a voulu autrefois du bien, si vous auiez besoin du credit que mes seruices ont merité aupres d'elle, ie l'emploierois en vostre faueur : mais elle a trop de iugement pour m'auoir laissé ce moyen de vous obliger, & vostre gentillesse fait que ie trouue son ingratitude de bonne grace ; Ie me console toutesfois de ce que son humeur ne change pour moy qu'auec son visage, & croy qu'elle m'a plustost quitté par respect que par mépris ; Cette vanité me persuade que ie la dois aimer, & témoigne que ie l'ayme encore ; Le temps ne ruïnera jamais tant d'Amour sans y laisser les fondemens d'vn peu d'Amitié. Ie vous quitte l'vn, & me donne l'autre. Apres auoir

Mr THEOPHILE. 75

son esclaue, ie veux estre son affranchy, &,

MONSIEVR,

Vostre.

ŒVVRES DE

A VN SOT AMY.

LETTRE XVIII.

Tu me reprends d'auoir pris l'épouuante mal à propos, & de m'estre bāny moy-mesme. Ie deuois cette obeyssance à la cholere du Roy, & ne pouuois me plaindre de ma disgrace sans m'en rendre digne, ny appeller de mon bannissement sans meriter la mort. Soudain

Mr THEOPHILE. 77

que ie fus menacé, ie me iugay coupable, & trouuay plus d'esperance en ma retraite qu'en ma iustification ; Dieu ne veut point qu'on examine la volonté des Rois ; il leur a donné l'ame droite, & la iustice absoluë, & puis qu'il les appelle Dieux, on les doit reconnoistre tels. Quoy qu'ils nous ordonnent, nos desobeïssances sont des impietez. Il est vray que mon exil m'a surpris, & que ie suis encore à deuiner mon crime. Ie suis honteux de l'ignorer, & veux contraindre ma conscience de se feindre pour se condamner : car enfin je ne sçaurois me consoler de ma peine, si je ne me persuade que j'en suis digne. J'ay sans doute assez failly pour le mal que j'endure, & me trouue assez coupable, puis que le Roy ne croit pas que je sois innocent, & que le mal-heur de n'estre pas au gré de son Prince doit mettre tout homme de bien aux termes de se retirer du monde. C'est vne creance à laquelle mon iugement est bien aise de consentir, pour se mettre en repos, & vn caprice de mon inclination qui me fait ainsi resoudre à reuerer le bras qui me frappe, afin

Mr THEOPHILE. 79
d'en trouuer les coups plus fauorables. Ie ne veux point que tu me guerisses d'vne resuerie si salutaire; laisse dormir mon esprit en sa maladie, & si tu ne peux changer ma condition, ne te mesle point de vouloir changer mon ame : ne te mets plus en peine de me donner des aduis, i'en reçois tous les jours assez de moy-mesme. Tu me dis comme le vulgaire que chacun est aueugle en ses affaires : Ie croy ce dictū veritable en vn esprit foible cōme le tien, & qu'vne fureur d'Amour, d'Ambition, de Vengeance de Peur, ou quelque

autre sorte d'indisposition ont occupé, mais dans les desseins de sa fortune, ie croy qu'vn chacun y voit aussi clair que son plus proche. Pour moy ie ne me trouue que rarement dans l'opinion commune, & peu de prouerbes viennent à mon sens; ie ne deffere gueres aux exemples, & me desplais sur tout en l'imitation d'autruy. Ie me retire dans mon ame, où ie m'accoustume à l'examen de mes pensees; Vn autre ny est pas tousiours present. Tu ne vois point naistre mes sentimens, & c'est pourquoy tu leur faits des discours
fort

Mr THEOPHILE.
fort estrangers. Tu te hazardes à tous propos de me faire des censures. Il te seroit possible plus seant de me loüer. Tu ne m'escris que des corrections de ma conduite. L'humeur qui te met dans ces imprudences a plus besoin d'estre corrigee; Il paroist bien à ta lettre que tu n'és pas capable de beaucoup de choses. Qui ne sçait pas bien escrire ne sçauroit bien imaginer; Ton entendement n'est guere plus agreable que pour ton stile. Ta presomption me tire hors de mon naturel, & me met en train de t'escrire de la sorte; Si peu que ie te die de ve-

F

ritez, ie te dirois beaucoup d'iniures. Vne autre fois quand tu auras des reprimandes à me faire, couche-les pour le moins en meilleurs termes, sinon ie m'en mocqueray. Ie suis bien asseuré que ie te fasche: car tu te piques sur tout de bien écrire; Il seroit bien mal-aisé que ces liures dôt tu me parles t'eussent rendu plus habile homme. Il faut que ie te dône des instructions à mon tour: Quitte le Phœbus & le Roman: tant qu'ils seront si fort en ton estime, tu ne le seras point en la mienne. Tu me parles de la Fortune en termes d'Amour, &

dans le discours de tes Amours, il t'eschappe à chaque fois des mots de guerre. Tu me dis que ie ne craigne point de foüiller le sein de la Deesse aux pieds blancs, pour arriuer au port de ton desir & de mon salut; En cét endroit ton conseil est aussi extrauagant que ton langage. Qu'irois-ie faire en vn pays où mes habitudes ne sont point? où les coustumes sont contraires à ma vie, ou la langue, les viures, les habits, les hommes, le ciel & les elements me sont estrangers. Quel plaisir me peux-tu promettre en vn climat où toute l'annee n'est qu'vn hyuer, où tout l'air n'est qu'vne nuee, où nul vent que la Bize, nul promenoir que ma chambre, nulle delicatesse que le Toubac, nul diuertissement que l'yurongnerie, nulle douceur que le sommeil, nulle conuersation que la tienne? Il me semble que ie te voy rougir, & chercher ta vengeance par des reproches à mon mauuais naturel. Tu m'accuseras de reconnoistre mal le soin que tu prends de me conseiller. aussi n'en fay-ie pas beaucoup de compte : & si tu n'as dessein de me rendre ingrat, ne me fais iamais de ces bons offi-

Mr THEOPHILE.
ces ; Tu me parles trop de la Cour, que tu ne connois point. Tu me donnes des preceptes d'vne eschole ou tu ne fus iamais, & me veux seruir de guide en vn chemin ou tu n'as point passé. Pour bien sçauoir ma condition, ce n'est pas assez que de connoistre ma personne ; l'estat des gens de bien n'est pas tousiours le plus florissant, quoy qu'il soit tousiours le plus souhaitable : la fortune ne doit rien aux sages, & Dieu leur a assez donné. C'est ou ie chercheray mes consolations, & ou ie les trouueray plustost qu'en

l'impertinence de ta lettre. Tu n'attendois pas de ma part vne responſe ſi rude, mais ie ne meritois pas de la tienne vne lettre ſi importune. Sçache que c'eſt vne inciuilité bien cruelle que de manier ſi rudement & ſi hors de ſaiſon les bleſſeures encores toutes fraiſches de ſon Amy. En ſemblables diſgraces tous ces diſcours officieux ſont des reproches & toutes les conſolations ſans ſecours, ſont des iniures & des mocqueries. A Dieu, ne pretend plus me gouuerner, & dis à tous ceux à qui tu faiſois attendre mon arriuee, que leur esperance n'a esté trompee qu'apres ton credit aupres de moy. I'ay esté honteux de ta lettre : mais ie ne pense pas que tu fasses vanité de la mienne. Ie prie Dieu qu'il te donne plus de sens ou moins d'affection pour les affaires de ton seruiteur.

THEOPHILE.

OEVVRES DE

A MADAME
DE **.
LETTRE XIX.

MADAME,

Vous aimez si fort à vous fascher contre moy, qu'il faut que vous preniez plaisir ou a mes fautes ou à mes excuses. Mais vous perdrez bien tost ce diuertissement: car ayant découuert par où i'offence, ie ne le feray plus, & si vostre rigueur continuë sur mon innocence, au lieu de mes soubmissions vous ne receurez plus de moy que des reproches ? Il vaudroit beaucoup mieux que vostre faueur me presentât tous les jours quelque nouueau suiet de vous rendre de nouuelles graces: Vous verriez qne ie sçay mieux faire éclater le ressentiment d'vne obligation que la plainte d'vne disgrace. Vous n'auez point de passion qui vous empesche de voir bien clair dans mon ame; Espiez-y toutes mes pensees, & vous connoistrez que mes manquemens ne vous donneront iamais lieu de me quereller, & si ma fidelité ne vous fasche, vous n'aurez iamais à vous plaindre de,

MADAME,

Vostre.

A

MONSEIGNEVR
DE MONTMO-
RENCY.

LETTRE XX.

MONSEIGNEVR,

Le ressentiment qui m'oblige à vous plaindre est si vio-
lent, qu'il m'empesche de
vous consoler, & la douleur
qui me presse de vous escrire,

ne m'en laiſſe pas la liberté. Celuy qui m'a le premier aduerty de ce mal-heur a remarqué des teſmoignages de mon affliction ſi ſenſible, qu'il m'a dit que ma priſon auoit finy ma Philoſophie, & que i'auois montré tant de conſtance pour mes propres maux, qu'il ne m'en eſtoit point demeuré pour ceux d'autruy ; Il eſt vray (Monſeigneur) que i'ay eſté ſurpris dans cette foibleſſe, & que i'auois grand beſoin de la conſolation de voſtre meſſager qui me fait eſperer par l'amendement de cette maladie, le reſtabliſſement de mes ſens, qui sont maintenant en desordre, & sans doute au mesme estat que la santé de celle que vous aymez comme vous deuez, & que ie seruiray toute ma vie, auec toute la fidelité & toute l'affection que vous doit,

MONSEIGNEVR,

Vostre, &c.

OEVVRES DE

A MONSIEVR LE BARON DE BERGERAC.

LETTRE XXI.

JE ne trouue pas bon que tu consentes au silence qu'elle te prescrit. Cette obeyssance reculeroit trop ta pretention, & si tu donnes tant d'empire à ta Maistresse, il te sera difficile de la seruir long-temps, & impossible de la posseder iamais. Puis que tu sçais si bien trem-

Mr THEOPHILE.
per ton vin pour la santé du corps, apprends aussi si tu peux à moderer les appetits de ton ame ; Il faut suiure son desir, mais de loin quand il va trop viste, & froidement quand il court vers le feu. Ce sont les conseils & les maximes de ton Seruiteur.

THEOPHILE.

OEVVRES DE

A
MONSEIGNEVR
L'EVESQVE
D'ADES.

LETTRE XXII.

MONSEIGNEVR,

La creance que vous auez de m'auoir fait homme de bien, m'est vne puissante exhortation à le deuenir. Ie tascheray donc à ne point dementir la bonne opinion que vous

Mr THEOPHILE. 97
vous auez de moy, & que vous en auez donnee à vos semblables. Ma deuotion n'est pourtant pas si seuere qu'on vous l'a fait accroire; ie m'en suis acquitté simplement comme vous m'auez prescrit: C'est assez, Monseigneur, que ie ne sois point prophane, comme Dieu mercy ie ne suis point en soupçon d'estre superstitieux. Si i'ay rendu depuis peu vne assiduité particuliere au deuoir de la bonne conscience, ie l'ay fait plustost en intention de meriter la grace de Dieu que d'obtenir celle du Roy; Ie ne veux point que
G

ma pieté soit vne solicitation à ma fortune. Ie ne suis pas pressé de mon rappel, ie le crains plus que ie ne le desire, & le tiens plus honteux que ma condamnation ; puis que mon innocence la rendra tousiours glorieuse, & que dans ma disgrace i'ay pour le moins cét aduātage, que mon protecteur est asseuré de ma iustification. Cela estant, ie ne dois point douter de la continuation de son assistance, où ie trouue plus de repos que tous mes ennemis ne me sçauroient faire de trouble. Entretenez-moy ie vous supplie en l'honneur de ses bonnes graces, selon les obligations que vous y aurez, par les preuues que ie vous rendray tousiours de ma probité, & par l'obeyssance parfaite que vous promet solemnellement,

MONSEIGNEVR,

Vostre, &c.

OEVVRES DE

A MONSIEVR
LE COMTE DES CHAPPELLES.

LETTRE XXIII.

MONSIEVR,

Pour m'approcher vn peu du naturel des Dames, il m'a fallu beaucoup esloigner du mien : Cela me fait apprehender d'auoir reüssi plus mal encor que de coustume : Mesme sur des sujets où depuis long-temps on ne sçauroit escrire que des redittes: Ie vous enuoye quelques Stances dont vous pourrez possible trouuer quelqu'vne qui sera propre à des airs composez sur cette mesure, il y en a plusieurs, & particulierement vn dont les paroles commencent ainsi.

Seiour de la diuinité.

Si mon esprit pouuoit suiure le desir qu'il a de vous plaire, comme il ressent l'obligation que i'ay à vous seruir, il ne tiendroit pas à des vers que vous n'eussiez bien-tost ce que vous meritez de celle qui pour l'amour de vous, merite toutes les loüanges qu'on peut donner à vne Deesse: Ie suis,

MONSIEVR,

Vostre, &c.

A MONSIEVR
DE VILLAVTRETS,
Conseiller au Parlement.

LETTRE XXIV.

MONSIEVR,

Si vous venez à Chantilly, que vous appellez vn Hermitage, vous trouuerez que son Hermitey vse plus de fruits de vigne que de racines d'herbes, & si vous n'estes de mauuaise humeur vous y pourrez passer quelques iours sans ennuy, que si ce n'est auec autant de silence que dans les fameux deserts de la Thebaide, ce sera peut-estre auec autant de repos & d'innocence : Quelques-vns de vos Messieurs, m'ont fait esperer pareillement qu'ils viendront visiter ma solitude. I'ay fait vn cuisinier tout neuf pour vous traiter, & composé tous les iours moy-mesme des ragouts : C'est à dire que vous y mangerez plus de Sonnets que de Bisques : A Dieu, ie crois comme vous que mon nom est assez connu sans le dire.

A MONSIEVR
DVRET.

LETTRE XXV.

LORS que tu m'escriuis la derniere fois, tu estois yure, ce dis-tu, de sommeil, maintenant si tu es assez éueillé pour m'escrire sobrement, mande moy qu'est-ce qu'il faut que ie fasse pour voir ma Caliste. Si tu la gouuernois absolument, ie pense bien que tu la disposerois à ne me point faire tant attendre où ses lettres où ses recommandations; Ie ne suis point fasché de la preuenir en ce deuoir, pour ce que ie luy dois toute sorte de respect: mais ie me fasche de sa nonchalance, pource qu'elle me doit beaucoup d'amitié, & que ie merite qu'elle prenne soin de conseruer en moy ton seruiteur & son esclaue: Baise luy les mains de ma part, & l'ētretiens tous les iours vn moment de celuy qui ne pensera toute sa vie qu'à luy plaire & à la seruir. A dieu: si ie n'estois à elle, ie serois entierement à toy.

A
MONSEIGNEVR
DE LYANCOVRT.

LETTRE XXVI.

MONSEIGNEVR,

Depuis que vous estes à Lyancourt, ie ne sçay où ie suis, tant ie me trouue estonné que vous ne m'ayez fait sçauoir où ie dois aller vous faire la reuerence. Si i'eusse creu ne trouuer personne chez vous à qui déplaire, i'y eusse esté dés le jour de vostre arriuee: Mais le respect que ie vous porte m'a donné des considerations sur cette visite, qui m'importunent extrémement dans l'impatience que ie prends d'estre si proche de vous, & de n'auoir point la liberté de vous voir. C'est (Monseigneur) la chose du monde que i'ay le plus desiree, & que i'ay sçeu le moins obtenir, vous m'auez promis que vous viendriez icy quelquesfois, mais vous auez passé tout aupres, & n'auez pas seulemēt enuoyé vn Laquais pour me commander de vous receuoir, ou de vous suiure; Quand il faudra que ie fasse l'vn ou l'autre, vous me trouuerez disposé à receuoir cét honneur & à vous témoigner que vous estes le seul au monde, comme vous auez tousiours esté, qui pouuez tout sur moy, qui ne desire autre pouuoir que celuy de vous persuader que ie suis,

MONSEIGNEVR,

Vostre.

A MONSIEVR LE COMTE DE BETHVNE.

LETTRE XXVII.

Monsieur,

Sçachant l'inclination que i'ay touſiours au repos, ie ne ſçay pas pourquoy vous m'engagez à faire des voyages; Si le Roy m'enuoyoit querir pour me donner penſion, ie ne voudrois pas aller ſi loin que i'ay

Mr THEOPHILE. III
fait; pour vous donner des asseurances de mon tres-humble seruice, & de l'obligation que ie vous ay d'auoir pris la peine de m'asseurer du vostre : aussi, Monsieur, ne dois-ie pas tant aux soins de ma fortune qu'à l'honneur de vos bonnes graces que ie veux conseruer au prix de tout ce que ie pourrois auoir de plus cher au monde; & malgré cette paresse naturelle qui me rend si tardif à mon deuoir, i'ay desia de l'impatience, que ie ne sois en chemin pour vous aller faire la reuerence, puis que vous me faites croire le desirer. Mon

refus seroit pluftoft vne ingratitude qu'vne nonchalance. Il eft vray que ie suis glorieux de croire que la nature n'a iamais fait vn homme auec assez de merite pour m'obliger à le seruir ; A moins que de m'engager d'amitié, personne ne se doit asseurer de la mienne ; Si ceux de qui ie reçois pension ne me donnoient point autre chose, leur liberalité ne seroit vtile qu'à moy, & s'ils ne me faisoient du bien pour ce qu'ils m'ayment, ie ne les aymerois iamais pour le bien qu'ils me font. Cette condition mercenaire est si peu capable
de

Mr THEOPHILE.
de m'assujettir, que mes volontez & mes seruices n'en sont pas moins à la deuotion de ceux qui les gagnent par vn simple desir de les auoir. Et tous ceux de vostre sorte que ie trouueray assez sociables pour ne rebuter point ma liberté, ne me trouueront iamais si fort attaché au seruice d'vn Maistre que ie ne puisse témoigner à vn honneste homme, que rien ne me commande que la vertu. C'est par là particulierement que vous m'auez rendu,

MONSIEVR,

Vostre:

H.

A MONSIEVR DE PEZE'.

LETTRE XXVIII.

MONSIEVR,

Si i'eusse, dites-vous, esté du temps du Seigneur, il m'eust choisi pour annoncer la verité ; Ie vous responds que nous sommes tousiours au temps du Seigneur, puis que tous les temps sont à luy, & que ie fais profession d'ay-

Mr THEOPHILE.
mer cherement la verité, pource qu'elle est sa fille. C'est par elle que ie vous promets de reconnoistre tousiours les obligations que i'ay à vous seruir: Vous ne m'y trouuerez point paresseux, & tout ce que vous me commanderez ne sçauroit estre que selon mon desir; Vous le voyez en l'obeïssance que ie vous rends, pour la visite que vous exigez de moy. C'est auec vne extresme obligation que i'ay receu de Monsieur le Comte de Bethune, les tesmoignages du souuenir qu'il a de moy, ie voudrois l'en auoir sçeu remercier du

style que vous me recommandez : mais ie suis tellement accoustumé à laisser mon esprit dans sa facilité naturelle, que ie ne sçaurois qu'auec des termes ordinaires, luy rendre graces de l'extraordinaire honneur qu'il m'a fait. Cela m'arrache d'vn sejour ou la tranquillité des champs m'auoit enraciné. Au reste, il n'estoit nullement besoin des coniurations que vous me faites pour me maintenir au deuoir de vous aymer ; Le ressentiment que i'ay de vostre affection, joint à la connoissance de vostre merite, m'y sollicite eternellement. Asseurez-vous que Salomon oubliera pluftoft l'vfage des fauces, & moy celuy de les goûter, que ie ne perdray la memoire d'vn fi cher amy, & fi digne d'eftre conferué. Pour tout ce que vous croyés deuoir à mon amitié, ie ne vous demande que de parler quelquesfois de moy à Monfieur le Comte, & l'affeurer qu'auec vn peu de fon affection il aura toufiours toute la mienne; Ie feray tres-expreffément toutes les chofes qu'il m'a commandees, & ne manqueray pas de me trouuer à Champfaume, s'il plaist à Dieu, le vingtiéme Iuin, où vous disposerez comme par tout ailleurs de,

MONSIEVR,

Vostre.

A MADAME
DE **.
LETTRE XXIX.

MADAME,

Tout ce que vous m'auez commandé ie l'ay fait : mais sçachez que ces visites de lettres & ces entretiens de papier me donnent appetit d'autre chose; I'auois desia bien predit qu'vn peu d'absence me donneroit beaucoup d'amitié, ce n'eſt pas que la mienne ait beſoin d'aucune augmentation, puis qu'elle eſt toute parfaite, mais i'ay beſoin de la contenter, pour ce qu'elle eſt fort violente. Ie receuray vos commandemens de voſtre bouche plus intelligiblement que de voſtre plume, & les excuſeray plus aiſément; ne craignez point de me les continuer, plus ie ſers & mieux i'ayme, & plus ie ſuis employé, moins ie me laſſe, ſans chercher iamais ny vanité ny recompenſe en toutes mes occupations, que la

Mr THEOPHILE.

feule gloire de vous témoigner que ie suis,

MADAME,

Voſtre, &c.

A CALISTE.

LETTRE XXX.

NE vous faschez point de me voir sensible aux iniures que vous me faites ; puisque vous m'aymez, cela vous doit obliger ? Mon affection est vne des causes de ma douleur; Vous me plaisez tousiours, c'est pourquoy vous me faschez quelquefois, & s'il faut que ie me prepare à

Mʀ THEOPHILE. 123
vous tout permettre, il faut que ie me dispose à ne vous plus aymer. Vous auez assez de bonnes parties pour meriter l'amitié des plus belles ames : mais i'en ay pour le moins assez pour estre digne de vos commandemens, & si vous pouuiez iamais voir mon esprit détaché des liens que vous luy auez donnez, vous y trouueriez des libertez si agreables, qu'elles vous obligeroient à me rendre la pareille de mes seruitudes. Si peu que mon Genie vous pense esloignee de moy, il reuient auec des gayetez qui me pro-

mettent de reparer toutes mes pertes, mais comme il y voit encore voſtre image auec les marques de voſtre tyrannie, il paſſe chez moy comme vn eſclair, & quelque diſpoſition que i'aye à le receuoir, il ne me trouue pas aſſez vuide pour m'ocuper; quelque deſtin plus puiſsāt que ma nature le chaſſe en depit de moy, & le moindre ſouuenir de voſtre amitié me fait reuolter contre mon bon ſens, & me preſente mes plus forts mécontentemens ſi foibles, que ie croy m'eſtre trop vengé que de m'eſtre plaint; Lors ma paſſion vous prie de me pardonner le mal que vous m'auez fait, & vous donne dispense de me haïr. Pleust à Dieu que vous le peussiez faire, & que vous me l'eussiez dit serieusement ; l'aurois plus de hardiesse à vous faire voir vostre iniustice, & vous donnerois tant d'horreur de vostre haine, que vous r'appelleriez vostre amour, pour ne le coniedier iamais. Lors que vous m'aurez perdu, vous n'aurez plus rien que vous ne puissiez perdre, & si vous me gardez bien, vous aurez sans doute quelque chose qu'on ne vous sçauroit oster ; Ne jugez point de ce que ie puis valloir par la facilité de me posseder : Les choses grandes, & dont on ne se peut passer comme les elemens & la lumiere, ne s'acheptent point, & vous ne me possedez aussi que de don, le hazard ne vous a point fait ce present, c'est moy-mesme qui vous l'ay fait ; resoluez-vous donc de me rendre à moy-mesme, ou de me receuoir pour,

Vostre.

A MONSIEVR
CLAIN, CONSEIL-
ler au Parlement.

LETTRE XXXI.

MONSIEVR,

Bien que l'honneur de vostre amitié me doiue tenir toûjours dans le respect de la conseruer sans vous importuner, d'autre faueur pour personne, auiourd'huy neantmoins la consideration de Monsieur vostre Oncle m'oblige à vous parler pour vn de ses voisins, dont le procez est entre vos mains. Il a desia gagné sa cause à ce qu'il dit deux ou trois fois; si bien que la priere que ie vous fais ne manque point de iustice; Ie ne vous en feray iamais d'autres & tascheray tousiours d'éuiter les occasions de fascher mon Maistre, afin qu'il ne se rebute point de son seruiteur.

THEOPHILE.

A MONSIEVR
DE SAINT-MARC
Otheman, Conseiller
au Parlement.

LETTRE XXXII.

MONSIEVR,

Si toutes les occupations d'honneur ne vous estoient agreables & faciles, ie m'excuserois de la peine que ie vous veux donner : Mais puis que c'est pour employer vostre vertu, ie croy vous obliger en vous presentant cette occasion de secourir vn affligé, qui se ressentira dignement de ce bien-fait. C'est que ie vous suplie de disposer Monsieur le Procureur general à relascher vn peu de la seuerité de sa charge, pour me laisser vn peu de liberté à solliciter mes affaires: Ie ne demande point la promenade du Cours ou des Tuilleries, ny la frequentation des lieux publics : mais seulement quelque cachette ou mes ennemis ne puissent auoir droit de visite ; & que me retirant par fois dans quelque Hostel, on ne vienne point troubler ma seureté ny rebuter mes Protecteurs; Ie recule tant qu'il m'est possible à la franchise que me doiuent les pays estrāgers, & quelque bonne chere que me fasse mon exil, ie ne sçaurois m'y appriuoiser; & n'ay rien auiourd'huy plus à cœur, que le soin de me faire restablir. Il me semble que ie ne suis pas du tout hors de cette esperance, mais pour la faire promptement reüssir, ie me trouue fort impuissant, & mes amis pour la pluspart tres-paresseux. Pour vous, Monsieur, de qui i'ay merité le moins, vous ne serez peut-estre plus affectionné, & ie vous proteste d'estre aussi toute ma vie plus que tous les hommes du monde,

MONSIEVR,

                                Vostre, &c.

A
MONSEIGNEVR
LE PREMIER
President.

LETTRE XXXIII.

MONSEIGNEVR,

Au lieu que ma plume deuroit tousiours faire des presents, elle est contrainte de demander à ceux mesme à qui ie dois le plus. Mais puis que la condition des mal-heureux est encore si fauorable, qu'ils peuuent obliger leurs bienfaicteurs en receuant leurs faueurs de bonne grace, ie prens la hardiesse d'implorer voftre affiftance, pour ce que ie me fens incapable de la mefconnoiftre. Ie ne vous promets point pour des marques de mon reffentiment, les bons offices que les Mufes peuuent rendre à la Vertu; les miennes ont la voix trop baffe pour cette partie, & voftre nom fait affez de bruit pour eftourdir celles qui vont le plus haut; Vous parlez mieux que ie ne

Mr THEOPHILE. 135
sçaurois escrire, & faites mieux que ie ne puis imaginer. Si vous pouuiez souffrir vne reditte des complimens que les flatteurs donnent à ceux qui ne vous valēt pas, ie conuertirois tous leurs mensonges en vne veritable image de vostre vertu, qui est aujourd'huy si connuë, qu'on ne me soupçonnera jamais de flatterie, quelque necessité qui m'oblige à la reuerer : Et quoy que mon malheur m'ait donné le suiet de vous escrire, il ne m'a pas donné celuy de vous loüer, & c'est bien moins icy vne occasion de vous plaire, que ce

I iiij

n'en est vne de vous importuner. Si Dieu me donne jamais vn temps où les conditions de vostre charge ne rendent point suspects les complimens que ie fais aux qualitez de vostre personne, & qu'il vous plaise de me mettre en estat de vous rendre les deuoirs d'vn homme libre, vous connoistrez qu'vne dignité que vous auez commune auec plusieurs, ne m'a point si particulierement assujetty que le merite de vostre personne, qui n'a rien de commun auec les autres, que la peine de receuoir la supplication que fait à vostre iustice

& à vostre bonté, celuy qui fait vœu d'estre toute sa vie,

MONSEIGNEVR,

Vostre.

OEVVRES DE

A MONSIEVR
LE MARQVIS
D'ASSERAC.

LETTRE XXXIV.

MONSIEVR,

Vous aurez bien-toſt de mes nouuelles par moy-meſme, ſi vous prenez la peine de me venir voir à Chantilly, où ie ſeray dans huit ou dix jours ſi ie n'en ſuis empeſché par quelque accidét extraordinaire, & que ie ne preuoy pas: Ie n'attends que le passage de Monseigneur pour partir d'icy, où ie me trouue enchanté de tous les plaisirs dont la vie des gens de bien est capable. Les champs à mon aduis ont quelque chose d'innocent & d'agreable qui ne se rencontre point dans le tumulte des grãdes villes ; Et la douceur d'vne conuersation dont ie iouys depuis deux mois, flatte si fort mon humeur, que ie ne puis me ressouuenir de Paris, qu'auec vn degoust de tout ce que i'y ay trouué autresfois de plus agreable, & ie me fens auffi contraint de m'en éloigner par ma propre inclination, que par la neceffité de mes affaires; Cette conſtāce que ie fay pareſtre en ma perſecution eſt plus vn bon-heur de mon eſprit qu'vne vertu de mon courage; I'aurois tort de m'en eſtimer plus honneſte hōme: mais i'ay raiſon de m'en croire plus heureux. Ie trouue que mon naturel eſt vne plus douce philoſophie que celle que les liures enſeignent, & que les ſectes ont preſchee. Apres la crainte de Dieu, & le ſeruice du Roy qui ſuit immediatement apres, il n'y a rien si me semble qui ne puisse legitimement ceder à nos fantaisies & à nos opiniõs. La pluspart des choses que les hommes donnent à la vanité de la Reputation & à la conduitte de la vie, sont des fondemens incertains, où le plus souuent des desseins tres-pernicieux trouuent de l'appuy. Ces presomptions de sagesse & de magnanimité font de grands desordres dans la societé ciuile, & donnent aux ames les plus saines, des maladies, dont les remedes sont extrémement chers & difficiles. Cette sorte de vie ne me rendra jamais ny riche ny coupable. I'ayme si peu la fortune, & abhorre tant le crime, que i'ay conclu d'estre tousiours pauure, si tousiours la vertu demeure sans recompense. I'ayme mieux estre en repos sans rien gagner, que trauailler pour du bien, qu'on ne peut ny perdre ny conseruer qu'auec inquietude. Ie vous allegue ces raisons de continence & de moderation, afin que dans la mediocrité de ma côdition vous estimiez dauantage celuy qui fait aussi beaucoup plus de cas de vostre personne que de vostre qualité, & qui n'en desire point de plus glorieuse que celle d'estre creu de vous,

MONSIEVR,

Vostre.

A MONSIEVR LE COMTE DE Clermont.

LETTRE XXXV.

MONSIEVR,

Sans vn sujet que i'ay de vous fascher, rien ne me pouuoit obliger à vous escrire; Puis que vous ne respondez point aux compliments, ie veux sçauoir si les iniures vous feront

feront parler. Vous prenez plaisir à me voir en cholere, & cela m'empeschera desormais de m'y mettre. Quand ie cesseray de me plaindre, vous commencerez à voſtre tour: Et ce ne ſera pas touſiours voſtre pareſſe qui me gardera de voir vos lettres, ce ſera peut-eſtre ma raiſon. Toutes les promeſſes que vous me faites ſont fauſſes, & vous m'obligez encore à les achepter par des prieres, afin de me tromper apres auec plus d'affront. Elles ne ſeroient point iniuſtes, ſi vous ne l'eſtiez. Viuez à voſtre ſorte, ie ne ſçaurois plus

K

OEVVRES DE
viure à la mienne auec vous,
n'y me contraindre à l'aduenir
pour vous dire seulement apres
cecy que ie suis,

MONSIEVR,

Vostre.

A MONSIEVR DES-BARREAVX.

LETTRE XXXVI.

ENVOYE-moy, s'il te plaist, vne copie de l'Elegie & des Stances que tu as faites depuis nostre depart de **. Si tu ne te deffies trop de ton esprit ou du mien, tu me les communiqueras, ou pour te loüer ou pour te conseiller sur ton courage. Ie ne sçay pas asseurement s'il t'est facile de composer quelque chose d'admirable : mais ie croy bien qu'il t'est impossible de faire rien de ridicule. Le sujet qui t'anime est trop diuin pour ne t'inspirer pas de bonnes choses : Et quoy que pour l'amour de toy ie me plaigne des rigueurs de Caliste, ie luy sçay neantmoins bon gré de te les continuer, puis qu'elles nous font voir ces tesmoignages de la beauté de ton esprit, qui commence à payer comme il faut les esperances qu'on a cōceuës il y a long temps ton tres-humble & tres-fidelle seruiteur.

A MONSIEVR

DE LAPHEMAS.

LETTRE XXXVII.

MONSIEVR,

Pour ne vous point charger de compliments dont ie sçay que vostre merite vous fait accabler tous les jours, ie ne vous diray qu'vn mot ou deux de mes affaires, que vostre affection a voulu rendre vostres,

Monsieur d'Ogeat & mon frere vous en solliciteront, & receuront la loy de vous en tout ce qui touche le restablissement de,

MONSIEVR,

Vostre.

A MONSIEVR
DE BELLINGVANT,
Premier Valet de Chambre du Roy.

LETTRE XXXVIII.

MONSIEVR,

Tout ce que i'ay à vous dire pour moy, c'est que vous estimât plus que ie n'ay iamais fait, ie ne vous aymé qu'autant que ie vous aymois il y a huit ans. Voſtre merite s'eſt accreu depuis, mais mon affection eſtant dés lors toute parfaite, n'a pas eſté capable d'accroiſſement de meſme qu'elle ne le fera jamais de diminution. Apres ce veritable compliment i'ay à vous recommander le porteur de la preſente pour vne affaire, où vous pouuez quelque choſe en ſa faueur. Ie vous en ay parlé, & vous m'auez promis de l'obliger en ma conſideration. Ie ne ſçaurois pas vous dire ſes intereſts, il vous les expliquera luy-meſme. Pour les miens particuliers, ils ſont princi-

pallement que vous me faſſiez touſiours l'honneur de me
croire,

MONSIEVR,

Voſtre, &c.

OEVVRES DE

A

MONSEIGNEVR
LE DVC DE MONT-
MORENCY.

LETTRE XXXIX.

MONSEIGNEVR,

Le plaisir que ie gouste en l'honneur de vos commande-mens me surprend si fort, que ie ne puis empescher mon es-

Mr THEOPHILE. 155
prit de vous en rendre ce témoignage. Si ma promptitude vous a fait mal obeyr, ie prendray tel loisir qu'il vous plaira pour reparer ma faute; En attendant voftre cenfure ie feray vanité en moy-mefme, de m'eftre trouué fi paffionné pour vous que ie n'ay iamais eu Maiftreffe pour qui ma veine fe foit ouuerte fi facilement. Vous fouffrirez s'il vous plaift, Monfeigneur, cette comparaifon, puis que vous eftes en état de croire que chacun tient fa Maiftreffe pour fa diuinité vifible; Ie laiffe efuanouyr tout le fouuenir des miennes, &

OEVVRES DE

m'estant trouué si heureux que de rencontrer en vous vn Maistre si aymant & si digne d'estre aymé, toutes les passions de mon ame seront desormais employees à luy tesmoigner que ie suis son seruiteur.

THEOPHILE.

AV MESME.

LETTRE XL.

MONSEIGNEVR,

Dans la iouyssance du bien que vous me faites, ie me trouue assez consolé de ma mauuaise fortune. Tout le mal qu'elle me fait est à vos despens & à sa honte. Tant que vous me ferez l'honneur de me proteger, les plus rudes persecutions me causeront peu de peine, & beaucoup de gloire. Ceux que vous daignez aduoüer sont à couuert de toutes les disgraces du monde. Il n'y a que vostre appuy qui me tienne ferme au milieu des agitations de ma vie; Comme ie suis bien persuadé de vostre courage & de vostre iugemẽt, ie me ris de toutes les mesdisances qui me veulent rauir ma reputation & vostre bien-vueillance. Ie trouue hors de vous toutes les autres seuretés si inutiles que mon r'appel me sera tousiours indifferent, si peu qu'il soit suspect à la confiance que i'ay prise en vostre vertu

Mʀ THEOPHILE.
& en la duree de voſtre affection. C'eſt auſſi maintenant vn conſeil que ie vous demande ſur mon reſtabliſſement, pluſtoſt qu'vne ſupplication de me le faire obtenir. Si vous iugez que cette ceremonie du monde me mette en eſtat de vous rendre mes ſeruices auec plus d'honneur & de liberté, vous en prendrez le ſoin qu'il vous plaira, & quoy qu'il en reuſſiſſe ie me glorifieray d'vn rebut, pourueu que vous ne m'en eſtimiez pas moins digne d'eſtre,

MONSEIGNEVR,

Voſtre.

A MONSIEVR

DE MORANGER, Gentil-homme de la Chambre de Monseigneur de Montmorency.

LETTRE XLI.

MONSIEVR,

Auant que Monseigneur parte, i'ay voulu sçauoir si on trouueroit à la Cour quelque disposition à mon r'appel. Ce n'est n'est pas que ie m'ennuye de ma condition presente, puis que ie passe mon exil auec toutes les commoditez que la plus douce liberté me sçauroit donner: mais c'est de crainte qu'on ne me croye nonchalant, & plus sujet aux soins de ma volupté que de mon honneur. Mon frere qui vous rendra ma lettre, n'attendra que de vous la resolution de ce que ie puis raisonnablement pretendre en cette occasion ; & pource qu'il est pressé de s'en retourner en Gascogne, il m'a prié de faire vn effort en mes affaires, afin qu'il en porte chez nous quelque satisfaction pour la famille de,

MONSIEVR,

Voſtre, &c.

A MONSIEVR

DV GVAS, GENTIL-homme ordinaire de Monseigneur le Duc de Mont-morency.

LETTRE XLII.

MONSIEVR,

Vostre lettre m'a fait vne si sensible douleur, que ie ne puis vous sçauoir bon gré de me l'auoir escrite. Ie vous iure que mon innocence ne peut souffrir tant de reproches sans beaucoup d'aigreur. Vous me puniſſez du reſpect que ie vous rends, comme d'vn outrage que ie vous aurois fait, & ſi peu que ie donne de relaſche à mes importunitez, vous croyez que ie perds le ſouuenir des obligations que ie vous ay. Puis que Dieu vous a fait d'vne inclination à ne vous laſſer iamais de bien faire, ne vous plaignez point ſi ie ne ſuis pas aſſez effronté, ny aſſez mal-heureux pour l'exercer continuellement. Ie penſois eſtre eſtimé de vous aſſez ver-

tueux pour n'eſtre point en
ſoupçon de me méconnoiſtre,
& ie m'eſtois imaginé que
vous me permettriez ſans ja-
louſie d'vſer de l'affection de
ceux que ie n'employe que
pour vous ſoulager. Ie ne me
ſuis point deffié de voſtre pouuoir, ie l'éprouue aujourd'huy
ſi grand qu'il me ſemble vne
tyrannie; Vous me traitez aſſez
rudement, non pas pour me
rebuter, mais pour m'outrager.
Ceux qui eſtoient â Chantilly
quand ie receus voſtre reprimande, ont paſſé fort mal leur
temps en ma compagnie : Au
nom de Dieu, ne m'eſcriuez

plus de lettres que ie ne puisse relire souuent. Ie n'oze plus toucher à la derniere, & ne la reuerray point qu'vne autre plus fauorable ne me r'asseure des allarmes que celles-là m'a donnees, & dont s'estonne iustement,

MONSIEVR,

Vostre, &c.

A MONSIEVR
PITARD.

LETTRE XLIII.

MONSIEVR,

Auant l'impression de vostre liure, ie l'auois leu soigneusement, & admiré dans voltre manuscript. Vous auez bien fait de le mettre au jour: Il a cela de commun auec la lumiere, qu'il ne lasse point,

& ne peut nuire qu'aux yeux malades de ces animaux nocturne, qui ne paroissent que pour expliquer le mauuais destin ; l'ay bien eu de la peine à les dénicher des enuirons de mon cachot. Puis que vostre merite a commencé de les picquer, vous éuiterez mal-aysément l'enuie & la malice de ces gens-là. Ie prie Dieu qu'elle ne leur succede pas comme contre moy, & que iamais rien ne puisse troubler vostre liberté. Quoy que les persecutions ne soient pas tousiours mauuaise à la bonne Renommée; elles sont tousiours si contraires au repos, que i'aymerois mieux eſtre à mon aiſe qu'au gré d'autruy. Il eſt certain que tous les grands outrages de la fortune qui ſont les marques ordinaires des grãds hommes leur acquierent bien quelque gloire en public, mais en particulier pluſieurs incommoditez, témoin,

MONSIEVR,

Voſtre, &c.

OEVVRES DE

A

MONSEIGNEVR
DE LYANCOVRT.

LETTRE XLIV.

MONSEIGNEVR,

Afin que ie sois moins affligé de vostre absence, il faut que ie sçache de vos nouuelles le plus souuent qu'il me sera possible. C'est la principale commission que i'ay donnee

Mr THEOPHILE. 171
au Rouget, & ie ne me suis rendu icy prés que pour le trouuer plustost de retour. Lors que vous estes esloigné de moy rien ne vous suit auec tant d'assiduité que ma memoire & mon desir; Il me reuient tous les iours de nouuelles inclinations à vous seruir, si violentes que ie doute si les premieres l'ont esté assez, & que ie desespere de rencontrer iamais la fin & la plenitude de mon desir. Comme les obligations que ie vous ay m'ostent toutes sortes d'esperances de m'acquitter iamais de mon deuoir, ce qui me console de mon impuissance,

c'est que ie la hay & que c'est seulement de vostre pure grace que ie suis,

MONSEIGNEVR,

Vostre.

A

MONSEIGNEVR
LE DVC DE MONT-
MORENCY.

LETTRE XLV.

MONSEIGNEVR,

Attendant voſtre retour ie ſouffre beaucoup dans l'impatience que i'ay de vous rendre mon tres-humble ſeruice, &

suis fort excusable de me consoler de cét ennuy par le plus doux diuertissement que ie puis choisir icy. Ce qui m'y fait arrester auec plus de joye; C'est que ie demeure en vn lieu ou vous estes le principal objet de nostre entretien, & que dans la chere excessiue que me fait Monsieur le Comte de Bethune; il me semble que vostre consideration m'excuse de l'importunité que ie luy donne, Par là, Monseigneur, vous croyrez ayfément que ie suis glorieux d'estre à vous, puis qu'à l'ombre de vostre nom tous ceux

qui sont honnestes gens sont
bien ayses d'obliger,

MONSEIGNEVR,

Vostre.

A MONSEIGNEVR D'ELBEINE

Euesque d'Alby.

MONSEIGNEVR,

Si i'eusse pluſtoſt appris les bons offices que vous me rendez, ie croirois m'en eſtre rēdu indigne de vous en remercier ſi tard; mais vous auez voulu qu'ils fuſſent meilleurs en me les cachant, & me témoigner que

que vostre vertu est la principale cause de l'obligation que ie vous ay. C'est elle aussi qui vous doit estre la plus grande recompense de la peine que ie vous ay donnee. Feu Monsieur S. ** que vous auiez engagé à me proteger auec iustice, ne laissa pas de donner aux apparences publiques le desaueu de la probité que vous auiez voulu luy persuader, & comme si la sienne eust deu craindre quelque soupçon en mon amitié ; Il n'a point destourné les rigueurs de Monsieur le Procureur General, &

a fuy mes accusations au lieu de les combattre. Ie ne vous dis pas cecy pour vous faire mespriser sa memoire, mais pour faire estimer dauantage vostre courage; Ie vous supplie (Monseigneur) de continuer à ma liberté l'amitié que vous m'auez montrée dans le danger, & croire que mon restablissement ne m'est pas plus cher que les moyens qui me l'ont acquis, puis que les soins que vous & vos semblables en auez pris sont des marques de l'affection des honnestes gens, & que par là ie connois que les malheurs donnent toûjours de la gloire à

MONSEIGNEVR,

Voſtre.

A MADAME
LA COMTESSE
de la Roche.

LETTRE XLVII.

Madame,

Ie vous enuoye mon liure couuert de noir, comme vous l'auez voulu; Il est glorieux de porter vos liurees, & puis qu'il porte aussi mon nom & mes pensees, il est raisonnable que durant vostre affliction il fasse pareſtre quelque marque de la mienne, ſi i'eſtois aſſez éloquẽt pour les conſolations que demanderoit vn deüil ſi ſenſible, i'euſſe pris pour ma douleur les remedes que ie dois chercher pour la voſtre: mais ie n'en ſçay point d'autre que l'oubly. Cette guerison eſt vn effet de iugement qui ne compatit gueres bien auec la memoire. Ie prie Dieu qu'il vous l'oſte pour tout ce qui vous importune, & qu'il vous l'augmente pour l'affection de,

MADAME,

Voſtre.

A MONSIEVR
LE VICOMTE DV
Plessis.

LETTRE XLVIII.

MONSIEVR,

Madame a esté icy trois iours, à qui i'ay fait de vostre part les remerciemens du soin qu'elle auoit eu de vostre affaire. Ie croy que son inclina-

Mr THEOPHILE 183
tion & voſtre merite l'obligeront touſiours à vous rendre toutes ſortes de teſmoignages de bonne volonté. Si vous auez deſſein de vous aller promener en Languedoc, elle vous y menera. Monſeigneur s'y en va auſſi. C'eſt à voſtre choix de prendre la compagnie qui vous ſemblera la plus agreable; Vous le ſerez égallement à tous les deux. Aſſeurez-vous cependant que par tout où ie ſeray, vous y aurez particulierement la choſe du monde que vous poſſedez auec plus d'empire, & qui n'a rien en plus forte conſideration
M iiij

que l'honneur de vous plaire,

MONSIEVR,

Voſtre.

A MONSIEVR

HVREAV, SECRETAIRE de Monseigneur de Mont-Morency.

LETTRE XLIX.

MONSIEVR,

Ie vous r'enuoye vos animaux auec mille actions de graces, & de leur bon seruice, & de vostre courtoisie, que ie vous coniure de me continuer en l'affaire du petit Scribe que vous m'auez promis; C'est vn meuble dont ie ne puis me passer commodément. Ie perds la pluspart de mes pensées par la paresse de les escrire. Incontinent que mon voyage sera resolu, ou à Paris, ou à Chantilly, ie ne manqueray pas de l'enuoyer querir ; ayant de la besongne à l'occuper plus de deux mois. Ie crains que la desbauche ne me le rende fort inutile: car ie suis moy-mesme fort nonchalant à corriger mes gens, & laisse viure tout le monde dans la liberté ou ie me suis nourry. S'ils n'ont soin de faire le valet, ie ne m'apperçois point que ie fois le maiftre; Auffi ne pouuant m'affujettir à perfonne, ie ferois iniufte de vouloir prendre empire fur les autres. Il n'y a que mes efgaux qui me commandent, & s'il vous plaift d'eftre mon amy, vous aurez toute forte de pouuoir fur,

MONSIEVR,

Voftre.

A MADAME
DE **.

LETTRE L.

MADAME,

Outre l'honneur que i'ay receu de vostre lettre, il seroit mal-aisé de vous exprimer la satisfaction qu'elle m'a causée, en m'apprenant que vous daigniez agreer les miennes. C'est vn priuilege que ie tiens extrememét cher, & dont ie me feruiray, s'il vous plaift, à vous renonueller de temps en téps les tefmoignages de ma recónoiffance & de mon deuoir; à cóndition toutesfois d'en vfer auec toute forte de moderation & de refpect. C'eft ainfi que i'ay accouftumé de mefnager les graces qu'on me fait, & particulierement celles qui me viennent des perfonnes extraordinaires, comme vous, Madame, qui paffez il y a long-temps en mon eftime pour vne des plus rares merueilles de noftre fiecle. Ie dis cecy fans exageratió de mefme que fans flatterie, & cette opinion se trouue desormais si commune & si confirmée parmy les honnestes gens, qu'elle aura facilement des approbateurs en quelque lieux que ie la propose. Madame de ∴ ∴ en est assez bien-persuadee pour la persuader à beaucoup d'autres & vous auez raison de croire que nos conuersations ne vous sont pas desaduantageuses; Celle que i'eus encor hier auec elle se termina par le commandement qu'elle me fit de vous asseurer de son tres-humble seruice, & de la veneration qu'elle a pour vous. Ce sont ses propres termes que ie vous rends, par lesquels il paroist que vous luy estes en pareille consideration que les choses sainctes. Au reste, bien que l'on ne puisse auoir trop d'estime pour les tableaux de vostre maniere, & que celuy que vous m'auez fait de Madame de ** ressemble parfaitement à la peinture que la Renommée m'auoit deja faite de son esprit & de sa beauté: Ne pensez pas neantmoins que la curiosité d'en connoistre l'Original, puisse rien adjoûter au desir que i'ay de retourner l'Esté qui vient à ⁖ ⁖ Ce veri-

table Palais d'Apollidon qui se doit plutost à vostre imagination qu'à celle de son Architecte, est assez aymable de luy-mesme pour n'auoir pas besoin des attraits d'aucunes beautez estrangeres, tant que vostre presence luy conseruera celles qui luy sont propres & domestiques : Ne doutez pas que cette admirable maison ne soit tousiours l'Aymant des personnes du monde les plus illustres & les plus necessaires, à plus forte raison des mediocres & des inutiles, tel que se peut dire à son grand regret
celuy

luy qui se glorifie auec ioye d'estre,

MADAME,

Vostre.

A CALISTE.

LETTRE LI.

IE suis trop plainement satisfait des tesmoignages de vostre affection, & les obligations que ie vous ay sont trop presentes à mon souuenir, pour vous pouuoir denier sans beaucoup d'ingratitude, ce que vous exigez de moy auec beaucoup de iustice: Puis que vous me sommez de ma parole, il est raisonnable que ie la tienne, & qu'en suitte des conditions sous lesquelles ie vous engageay premierement à mō Amitié, ie ne refuse plus à vostre conscience le repos qu'elle me demande. Ie m'accorde donc ô mon bel Ange à la rigoureuse façon de viure que me prescript vostre vertu; d'autant plus volontiers que cette parfaite soubmission de mes volontez aux vostres, vous fera sans doute vne asseurance extraordinaire de la perfection de mon Amour ; qui ne s'est point encore proposé de fin plus proche ou plus glorieuse que l'acquisition de vos bonnes graces, ny de contentement plus solide ou plus accomply que leur duree. C'est vne verité que ie vous annonce en prose & en vers, afin de vous la rendre plus intelligible par le langage des hommes, & moins douteuse par le langage des Dieux.

THEOPHILE.

A LA MESME.

LETTRE LII.

IE vous aduouë à ma confusion que mes plus fortes & plus fermes resolutions au bien, se trouuent si foibles, & si chancelantes aupres de vous que sans vne grace du Ciel toute extraordinaire; il m'est absolument impossible de ne consentir pas quelquefois aux sollicitations que me donne voſtre preſence. C'eſt pourquoy ſi vous eſtes ſoigneuſe de voſtre repos & de mon ſalut, au poinct que vous le deuez eſtre & que ie le deſire, ie vous conſeille ſerieuſement de me retrencher à l'aduenir, iuſques aux moindres de vos careſſes les plus innocentes, puis que la plus petite eſt encore capable de refaire vne grande playe à ma conſciẽce: Mais pour ce qu'on ne ſçauroit marcher de nuit auec trop de circonſpection & de retenuë ſur le panchant des precipices, & que l'Oracle à prononcé que celuy qui ayme le danger, c'eſt à dire, qui n'en éuite pas les occaſions comme il faut, y perira certainement : Ie vous conſeille encore de faire en ſorte que ie me trouue rarement ſeul auec vous, iuſques à tant pour le moins que cette partie de mon ame ou ſe forme la rebellion des ſens contre la raiſon, ſoit plus tranquille ou plus aſſujettie qu'elle n'eſt pas à la domination de celle qui luy doit touſiours commander ſouuerainement. Iugez diuine Caliſte, de la paſſion que i'ay de conformer mes ſentimens aux voſtres, & de conduire noſtre amour à la plus noble de toutes les fins, par la difficulté des moyens que ie me propose, & la rigueur des conseils que ie vous donne contre moy-mesme.

THEOPHILE.

A LA MESME.

LETTRE LIII.

SI vous estiez encore à cinquante lieuës d'icy, ie tascherois de me resoudre à supporter l'ennuy de vostre absence par sa propre necessité, ou de m'en consoler par vos lettres. Au pis aller l'impossibilité de vous voir tempereroit en mon ame les inquietudes & les impatiences qu'elle endure depuis que ie sçay voſtre arriuée. C'eſt pourquoy s'il vous reſte encore quelque foible ſouuenir de mon affection, obligez-moy tant que de me faciliter les moyens de vous entretenir vne heure en liberté. Les aſſignations de cette nature ne iettent point de ſcrupule en l'eſprit des plus delicates, principalement à Paris, où ſans vn ordre particulier, les plus ſoigneux, & les plus diſcrets ſont touſiours au hazard de faire des viſites importunes où des voyages inutiles.

A CALISTE
LETTRE LIV.

S'Il me restoit quelque chose à donner de plus rare ou de plus precieux que le cœur & la liberté ; Ne doutez point que ie vous l'offrisse aujourd'huy, plutost pour obeïr à mon inclination, que pour satisfaire à la coustume : Mais il y a long-temps que vous estes en possession de l'vn &

de l'autre, & voſtre merite augmente tous les iours de telle ſorte que ce preſent n'a plus deſormais pour vous, ny la puiſſance d'obliger par ſa valeur, ny la grace de plaire par ſa nouueauté. Si bien que n'ayant plus d'Eſtreines à vous faire qui ne ſoient communes & conſequemment indignes de vous, n'en attendez point d'autres de moy que le bon iour que ie vous donne, ſans eſperance d'en receuoir iamais autant de voſtre part.

A LA MESME.

Sur le mesme sujet.

LETTRE LV.

Dans la licence que la coustume establit aujourd'huy generalement pour tout le monde; l'ay consulté long-temps par quelle maniere d'Estreines, ie pourrois vous tesmoigner particulierement mon estime & mon amitié: Mais la connoissance que i'ay déja de voſtre humeur, m'a fait iuſtement apprehender où que vous ne fiſliez difficulté de les receuoir, ou deſſein de me les rédre auec vſure; Apres auoir ſongé tout ce matin aux moyens d'éuiter l'vn & l'autre de ces inconuenients, à la fin vn Genie plus ingenieux que celuy qui m'inſpire les vers, m'a conſeillé de vous faire vn Preſent que vous ne ſçauriez refuſer, puis qu'il vous demeurera touſiours quoy que vous faſſiez, & ſur lequel auſſi vous n'encherirez pas par generoſité, ſi ie ne me trompe; C'eſt Madame, mon cœur & ma liberté, dont ie vous signe le don en ce commencement d'année, auec promesse de le continuer iusques à la fin de ma vie,

THEOPHILE.

A MADAME

LA DVCHESSE
de Mont-morency.

LETTRE LVI.

Madame,

Prenant comme ie fay la liberté de vous escrire sans vostre commandement, ie commets possible vne faute contre le respect que ie vous dois: mais i'en ferois sans doute vne plus

plus grande contre mon propre deuoir & la reconnoissance qu'exigent de moy les excessiues bontez dont vous auez comblé les Muses en ma personne; si ie n'essayois de vous en faire receuoir de ma plume, les tres-humbles actiōs de graces que vostre modestie vous a fait refuser de ma bouche. Ce n'est pas, Madame, qu'vn volume entier de remerciemens puisse payer la moindre des obligations que ie vous ay; C'est vne debte à laquelle ie ne pretends satisfaire, qu'en publiant hautement que ie suis incapable de l'acquitter, quand mesme ie serois priuilegié du Ciel & de la fortune, d'autant d'années & de prosperitez que leur en demande pour vous,

MADAME,

Vostre, &c.

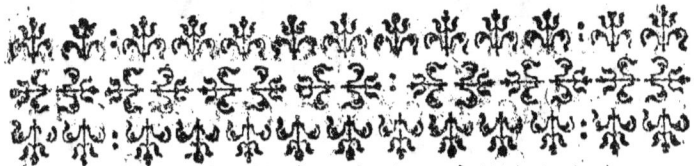

A
MONSEIGNEVR
LE COMTE DE
BOVTEVILLE.

LETTRE LVII.

MONSEIGNEVR,

Si ie vous remercie plus tard que ie ne deuois de l'honneur que vous m'auez fait: C'est que la vostre me fut renduë en vn temps où ie ne pouuois y respondre sans vn notable retardement des affaires de ma conscience; Peu de gens comme vous sçauez attendroient cette excuse de Theophile, & beaucoup la soupçonneroient de mensonge ou d'hypocrisie. Qu'y ferois-je? C'est vn effet de la calomnie de mes ennemis, & de la sinistre impression qu'ils ont pû laisser de mon ame en la pluspart de celles qui sont de leur trempe ou de leur cabale. Pour vous, Monseigneur, qui Dieu mercy ne fûtes iamais de ce nombre, si vous ne me tenez

Pas absolumét pour vn Beat où Pour vn faiseur de miracles à Poinct nommé, ie suis pour le moins certain que ie ne passe point en vôtre opinió pour enchanteur ny pour Athee. Tant que les traits de mes aduersaires m'ót ataqué sur ma creãce, ie me suis mis en deuoir de me deffendre, pource que ie deuois cét effort à la seurté de ma vie, & cette iustification à la probité de mes mœurs. Aujourd'huy que ma liberté rend tesmoignage de mon innocence; La deuotion & la pieté sont desormais vne matiere pour moy, dont ie me soucie fort peu d'eſtre en diſpute auec les hommes, pourueu que i'en ſois bien d'accord auec Dieu. C'eſt à luy ſeul que ie ſuis reſolu de rendre compte de mon cœur, puis qu'apres tout il n'appartiét qu'à luy de nous iuger ſelon nos œuures, ce qu'on n'oſeroit ſe promettre infailliblement des plus équitables iuges de la terre, qui prennent ſouuent l'ombre pour le corps, & l'apparence pour la vérité. Mais cette diſgreſſion eſt déja plus grande qu'il ne faudroit, & pour peu que ie la continuaſſe, ie vous ferois vn petit ſermon. C'eſt encore vn reſte du zéle saint que ma donné la bonne feste. Ie reuiens donc à mon compliment, pour vous dire qu'apres auoir satisfait à la Religion, il est iuste que ie satisfasse à la ciuilité, & qu'auec mes deuoirs ie vous rende les tres-humbles actions de graces, que meritent de ma recognoissance, les glorieux témoignages de vostre amitié. Bien que ce soit vn Tresor dont la conseruation me doit estre d'autant plus aysée, que ie le tiens purement de vostre bonté : I'auoüe neantmoins que ie meriterois de le perdre, si ie n'employois comme ie feray toufiours tous les ferui-ces, & tous les foins les plus affidus qui peuuent m'en affeurer la poffeffion. Si le merite du nom illuftre que vous portez m'a conuié premierement à vous honorer, celuy de voftre propre perfonne m'y forcera deformais imperieufement, & ie doute auec tous ceux qui vous connoiffent plus parfaitement, fi le nom de Mont-morency vous honore autant que vous le glorifiez. Pour peu, Monfeigneur, que i'abandonnaffe ma plume à la chaleur de mon eftime & de mon zele, elle vous feroit vn Panegyric au lieu d'vne Lettre : Mais outre que les meilleures choses du monde ont mauuaise grace hors de leur place & de leur saison, la loüange & la flatterie ont encore tant de ressemblance en leurs manieres de parler & de se produire, que vous prendriez peut estre l'vne pour l'autre, au preiudice de la franchise de mõ humeur. I'ayme donc mieux dire aux autres ce que ie pense de vous & de voſtre vertu, & finir apres vous auoir coniuré de me croire,

MONSEIGNEVR,
Voſtre, &c.

A MONSIEVR
L'ABBE' DE SAINT MAVRICE.

LETTRE LVIII.

MONSIEVR,

J'appris hyer au soir bien tard, de Monsieur le Baron de Peraut, qu'à son depart de Blois, vous vous estonniez de mon silence, sur le sujet que

vous sçauez : Vous auriez raison de joindre la plainte à l'e-
stonnement, & de m'accuser
encore d'vne paresse qui passe-
roit iusques à la stupidité, si ie
n'auois satisfait à mon deuoir
il y a long-temps, n'estant pas
obligé de respondre des manquemens ordinaires d'vn Mes-
sager public. C'est à luy que
vous en imputerez la faute,
s'il vous plaist, Peut estre l'au-
ra-t'il reparée ; A tout hazard, i'ayme mieux que vous
receuiez deux pacquets de
moy pour vne mesme chose,
que manquer aux diligences
que ie dois apporter, pour en

faire arriuer vn iusques à vous, de qui ie suis inuariablement,

MONSIEVR,

Tres humble
seruiteur.

A MONSIEVR

DE LA FOSSE,
Tresorier de France.

LETTRE LIX.

MONSIEVR,

L'honneur & le bon accueil que vous m'auez faits en vostre maison, font tousiours si presens à ma memoire, que ie souhaiterois de tout mon cœur vous en pouuoir rendre à tout moment de nouuelles actions de graces. Ie suis sans doute vne des personnes du monde la plus sensible aux bien-faits, & la moins puissante aux reconnoissances, si celles du desir & de la volonté ne satisfont ceux à qui ie suis redeuable. Ce sont à vray dire les vniques biens dont ie me trouue riche jusques à l'excez, & les seuls que ma mauuaise fortune me laissera tousiours, si ie ne me trompe, pour m'acquiter en quelque façon de tant d'obligations que ie vous ay pour l'honneur de vostre amitié. Pleust à Dieu, Mon-

Mr THEOPHILE. 223
sieur, que ie fusse aussi bien asseuré de vostre parfaite santé, que vous le deuez estre de ma parfaite estime pour vous, & de la passion, auec laquelle ie fay vanité de me dire toute ma vie,

MONSIEVR,

Vostre.

A CALISTE.

LETTRE LX.

Comme ie n'ay pas le don de deuiner, il arriue souuent que mes visites sont incōmodes, aux personnes mesmes à qui ie desirerois le plus qu'elles fussent agreables, mais aussi la moindre connoissance que ie puis auoir de ce deffaut me donne beaucoup de discretion à m'en corriger. Le soin

Mr THEOPHILE.
foin estudié que vous apportastes dernierement à m'empescher de vous dire deux mots en particulier, paya ce me semble assez mal celuy que i'auois pris de vous porter vos estreines. Quoy que les choses qui tombent de ma plume ne soient pas bien fort precieuses; vous sçauez pourtant que la nonchalance, ou la sterilité de mon esprit les a renduës tousiours si peu communes, qu'elles sont pour le moins considerables par le prix de la rareté. C'est par là sans doute que les tesmoignages de mon amour vous deuiendront plus

P

estimables, & qu'essayant de vous les rendre auec plus de moderation, vous vous trouuerez d'humeur à les receuoir auec moins d'importunité & de desdain. Apres auoir fait tout ce que ie deuois pour vous persuader l'excez de mon affection, ie fay dés à present tout ce que ie puis pour me consoler de la mediocrité de la vostre. Nattendez pas que ie vous nomme ingrate ; le respect que ie vous garderay iusques au dernier instant de ma vie, ne laisse point de place à la licence des reproches; outre que l'ingratitude estant la monstrueuse fille ou du seruice, ou du bien-fait, ie n'ay pas assez de vanité pour pretendre iniustement à la gloire de vous auoir iamais obligée en vertu de l'vn, ny de l'autre. Quelque Ascendant que vostre merite & mon inclination vous ayent döné sur toutes les puissances de mon ame, il est impossible que ie puisse brusler plus long-temps pour vn objet, à qui mõ feu depuis dix-huit, ou vingt mois, n'a pû communiquer plus de chaleur, que ce qu'il en faut iustement pour ne pare-stre pas tout de glace. Enfin c'est mon opinion, qu'on peut aussi-tost conceuoir vn Printemps sans fleurs, ou vne Automne sans fruits qu'vne Amour sans esperance. De là vient que ie n'ay pas manqué de parfaitement aymer, tant que i'ay pû raisonnablement esperer : Mais aujourd'huy que vos irresolutions, vos fuittes & vos scrupules, acheuent de ruyner ce que ie m'estois conserué d'espoir, il est infaillible que vous me reduirez à la fascheuse necessité de me guerir par son contraire,

THEOPHILE.

A FEV
MONSIEVR
LE COMTE DES
Chappelles.

LETTRE LXI.

MONSIEVR,

Apres la permission que vous m'auez donnée de vous escrire autant que ie voudrois, si la passion que i'ay pour vous n'estoit accōpagnée de beaucoup de respect, il y a long-temps qu'elle m'eust fait changer en abus, l'vsage de ce priuile, & que la frequence de mes despesches vous eust obligé sans doute à me le restraindre, ou pour le moins à vous repentir de me l'auoir accordé si ample. C'est la seule raison que ie vous apporte pour me iustifier plainement d'vn silence de six semaines: Quoy qu'il me fust aysé de vous en produire eucore vn autre, si ie n'apprehédois de me broüiller auec**, que ie n'ay pas voulu preuenir en ce deuoir, de peur qu'il luy semblast que i'affe-

Mr THEOPHILE. 231
ctois de faire valoir ma diligéce au preiudice de la sienne. Elle vous apprendra ses excuses par sa lettre que ie vous enuoye. Vous estes l'vn & l'autre si raisonnables, qu'il ne luy sera pas bien difficile de trouuer grace aupres de vous. Pour moy ie me tiens si fort asseuré de celle que vous m'auez faite en m'honorant de vostre amitié, que ie ne pense pas que rien au monde soit capable de m'en priuer, que l'ingratitude ou la perfidie. Ce sont deux Monstres qui infectent bien moins les grands desers que les grandes villes ; ils font de
P iiij

tout siecle & de tout pays, & les especes en ont tellement multiplié, qu'elles ne peuuent plus finir qu'auec celle des hommes : Bien que ces Monstres soient aujourd'huy si familiers & si nombreux, qu'on les pourroit quasi compter entre nos animaux domestiques; Ie suis neantmoins tres-certain qu'ils ne logeront iamais dans le cœur de,

MONSIEVR,

Vostre

A MONSIEVR

L'ABBE' DE SAINT
PAVL.

LETTRE LXII.

MONSIEVR,

Si vos difgraces pouuoient deuenir moindres à proportion de la part que i'y prends, & des plaintes que ie leur donne : Il eſt ſans doute qu'vne ſenſible diminution de voſtre mal vous seroit bien-tost vn veritable tesmoignage de mon affection. Vous m'outragez de solliciter mon bon naturel au petit seruice que vous desirez de moy, par la representation de vostre condition presente ; Sçachez que ie regarde vostre misere auec pitié, mais que pour courir à son secours, ie ne connoy point d'autre esguillon que celuy du Deuoir & de l'Amitié. Il y a long-temps que l'estime que ie vous garde m'a rendu vovostre, & que ie souhaitte auec chaleur les occasions de vous en asseurer. De là vient que ie

Mr THEOPHILE. 235
n'ay pas pour voſtre mauuaiſe fortune, toute la hayne qu'elle merite. Il ſemble qu'en vous affligeant elle ayt eu deſſein de m'obliger, puis qu'elle me donne matiere de vous prouuer ces veritez par quelque choſe de plus vtile que le deſir, & de moins commun que le compliment. Ie le finis donc icy pour commencer la reſponce que vous attendez de moy ſur le ſuiet de voſtre affaire. Ie ne veux point nier que les Muſes & mon bon deſtin ne m'yaent mis en quelque ſorte de conſideration aupres de Monſeigneur ∴ puis que

les biens-faits que i'en reçoy ne me laissent non plus douter de sa bien-veillance que de sa liberalité : mais pour n'estendre pas ma faueur au delà de ses iustes bornes, ie vous confesse franchement que ie me promets autant de la iustice de vostre demande, que de la force de mon credit ; Aussi quelque facilité que vos amis se figurent au succez de vostre entreprise, ie ne vous suis garant iusques-icy que de la sincerité de mes diligences. Pour les commencer de bonne heure, Ie fus hyer expres à Chantilly, où Madame me fit esperer qu'elle en parleroit elle méme à Monseigneur, que la necessité de la guerre retient encore à l'extremité du Royaume. Cette fascheuse cōjoncture de tēps, n'est pas moins vne suitte de vostre malheur, qu'elle est vne preuue du mien, veu que malgré mes impatiences, elle me retarde les moyens de trauailler à vostre repos. On croit neantmoins icy que la Cour se r'approchera bientost: Ie le souhaitte passionnément pour l'amour de vous. Donnez vous cependant vn peu de patience, & vous seruez vtilement de vostre esprit auec promesse de ma part qu'il ne tiendra point ny à mes sollicitations, ny à mon argent (s'il en est besoin) que vous n'obteniez à souhait tout ce que vous exigez de l'entremise de,

MONSIEVR,

Vostre, &c.

A
MONSEIGNEVR
LE MARQVIS
Des-Portes.

LETTRE LXIII.

MONSEIGNEVR,

Outre l'inclination genereuse que vous auez à seruir tout le monde en general & en particulier, ceux que vous aymez, ie remarque sans cajolerie que vous auez encore le don de le faire de si bonne grace, que les simples offices que vous rendez doiuent passer pour des obligations extraordinaires à ceux qui les reçoiuent. C'est en ce rang (Monseigneur) que ie place tous ceux que vous m'auez rendus, & lesquels vous me continuerez, s'il vous plaist, en toutes les occasions où vostre entremise & vostre credit me pourroient estre necessaires. Ie vous demãde cettuy-cy pour m'acquerir l'estime des gẽs de bien, & celuy-là pour me conseruer l'amitié

Mr THEOPHILE.

l'amitié de Madame * de qui vous auez desia esté le mediateur. Ie la remercie comme ie puis, & par vostre conseil & par celuy de mon deuoir, du soin officieux qu'elle à voulu prendre des interests de,

MONSEIGNEVR,

Vostre, &c.

A MONSIEVR

DV GVAS, GENTIL-
homme de feu Monseigneur
de Mont-morency.

LETTRE LXVI.

Monsievr,

Ie ne doute point que vous ne sçachiez desia que le merite extraordinaire de Mõseigneur, & la façon dont il m'a reçeu, m'ont obligé de me dõner tout entier à ses interests, & m'attacher domestiquement à luy. L'ardent & genereux Amy vous pourra dire aussi bien que moy toutes les particularitez de cette aduenture, puis que c'est par son entremise qu'elle est arriuee : Mais c'est moy seulement qui vous puis dire au vray la parfaite ioye que ie ressens en l'esperance de vous reuoir & de renoueller auec vous la chaisne de nostre ancienne amitié, sur les mesmes lieux où nous l'auons si long-temps entretenuë. Croyez, Monsieur, que l'éloignement ny le silence ne vous ont rien osté de la mienne, & que ma satisfaction seroit accomplie, si ie pouuois estre asseuré de vous retrouuer auec autant de repos & de santé que vous en souhaite,

MONSIEVR,

Voſtre.

A MONSIEVR
LE BARON DE
S. Marcel.

LETTRE LXV.

MONSIEVR,

Ie ne me feray point donner la geſne pour auoüer que ie ſuis le plus pareſſeux cõme le plus inutile de tous les hommes, pourueu que de voſtre part vous confessiez aussi librement que vous estes le plus nonchalāt où le plus inciuil de tous les vrais Amis. Il me semble que la rareté de mes lettres vous les deuoit rendre considerables, & toutesfois vous estes encore à respondre à celle que ie vous fis l'Esté dernier, & qui vous fut renduë par Monsieur de Variny, en la faueur duquel ie vous l'auois escrite. Ce n'est pas icy mon dessein de vous quereler, mais seulement de vous faire voir que vous n'estes pas en droit de me rien reprocher sur cette matiere à nostre premiere entre-

ueuë. Au reste, ie ne pretends
pas que ce reproche vous soit
vne sollicitation à m'escrire,
ie haï trop la contrainte pour
vous y porter, viuez à vostre
mode comme ie suis resolu de
viure à la mienne. Vous n'aurez
iamais tant de paresse ny
tant d'amitié pour moy que ie
ne sois tousiours en humeur de
vous en rendre la pareille, &
dauantage. Vous sçauez desia
que mon destin me r'appelle
en Languedoc. C'est où i'iray
prendre de vostre bouche les
responces de toutes mes lettres.
Asseurez-vous cependant
que vostre consideration fait

sans cajolerie vne des plus agreables circonstances de ma seruitude aupres de Monseigneur, & que vous auriez tort de n'estre pas tousiours mon bon Amy, puis qu'il est vray que ie suis tousiours,

MONSIEVR,

Vostre.

A SON AMY.
TIRCIS.

LETTRE LXVI.

PVis que ma conuersation est publique, & que mon nom ne se peut cacher, ie suis bien ayse que tu fasses publier mes escrits, qui se trouueront assez conformes à ma vie, & tres-esloignez du bruit qu'on a fait courir de mõ esprit: Ie sçay bien que dans l'aueugle confufion d'vne reputation ignorante, on a parlé de moy comme d'vn homme à perir pour l'Exemple, sans que iamais l'Eglise ny le Palais ayét repris mõ discours ny mes actions : Et depuis qu'il me souuient d'auoir vescu parmy les hommes, ie n'en ay iamais pratiqué qui ne me soyent encore amis. Tous ceux qui parlent mal de moy ne sont ny de ma conuersation ny de ma connoissance. Ie me puis vanter d'auoir assez de vertu pour imputer à l'Enuie les mesdisances qui m'ont persecuté. Ces outrages ne m'ont point affligé ny détour-

Mr THEOPHILE. 251
né le train de ma vie : Ie sçay
que les iniures de ma fortune
ont fait celles de ma reputation. En mon bannissement
i'estois infame & criminel, depuis mon r'appel ie suis innocent & homme de bien ; et la
mesme façon de viure qui s'ap-
pelloit autresfois desbauche,
s'appelle auiourd'huy refor-
mation. Les esprits des hommes sont foibles & diuers par
tout, mais principallement
à la Cour, où les amitiez ne
sont que d'interest ou de
fantaisie. Le merite ne se iuge
que par la prosperité, & la vertu n'a point d'éclat que dans

les ornemens du vice. L'eloquence n'a plus de grace qu'à perſuader le libertinage & les mauuaiſes mœurs : La pointe & la facilité de l'eſprit ne paroiſt plus qu'à meſdire ; eſtre habile c'eſt bien trahir : La raiſon eſt inconnuë, la Religion encore plus, le Roy n'entend que des reuoltes, Dieu n'entend que des impietez, tant le ſiecle eſt maudit du Ciel & de la Terre ; Les gens de lettres ne ſçauét quaſi rien de ce qu'ils doiuent ſçauoir, la pluſpart des iuges ſont criminels, paſſer pour honneſte homme, c'eſt ne l'eſtre point. Dans ce re-

Mr THEOPHILE. 253
bours de toutes choses, i'ay
de l'obligation à mes infamies,
qui au vray sens se doiuent
appeller des faueurs de la renommée. Sur cette foy ie ne
changeray ny mon nom ny
mes pensees ; Ie veux sortir
sans masque deuant les plus rigoureux Censeurs des Escholes les plus Chrestiennes. Ie ne
sçache ny Latin ny François,
ny Vers ny Prose de ma façon
qui redoute la presse ny la lecture des plus delicats (ie parle pour la conscience) car du
Stile & de l'imagination, ie ne
suis ny fort ny presomptueux:
Et cette publication est plu-

tost de l'humidité de mon ame que de la vanité de mon esprit, ie suis ton,

THEOPHILE.

A

MONSEIGNEVR

LE MARQVIS
Des-Portes.

LETTRE LXVII.

MONSEIGNEVR,

Il y a long-temps que ie vous aurois remercié tres-humblement comme ie fay, des glorieuses recommandations que i'ay receuës de voftre part ; fi l'aduenture de Monseigneur voftre Nepueu ne m'en auoit empefché, par la confideration du trouble qu'elle vous doit auoir caufé. Mais à prefent que de meilleures nouuelles nous font mieux efperer de fon falut; Il eft à propos que ie m'acquitte de ce deuoir, & que ie tafche pour le moins de fatisfaire en quelque forte à des obligations fi peu communes, par des complimens affez ordinaires, mais auffi les plus veritables qui partirent iamais de la bouche ny de la plume de, MONSEIGNEVR,

Voftre.

A MONSIEVR
LE COMTE DE Clermont.

LETTRE LXVIII.

MONSIEVR,

Ie fus hier à vostre Hostel pour y demander des nouuelles de vostre santé qui m'est si chere, & i'appris de deux de vos gens qu'ils auoient chargé de vostre part de sçauoir l'estat de la mienne. Comme sans flatter l'estime que ie fay de vous passe iusques à la veneration, sans mentir ce tesmoignage de vostre souuenir me rendroit glorieux iusques à la vanité, si ie ne connoissois dés long-temps que vous auez des bontez excessiues, pour moy qui n'ay point de plus grand merite pour vous, que cette ardante & respectueuse passion qui me fait sur tous autres,

MONSIEVR,

Vostre.

A MONSIEVR LE VICOMTE de Paule.

LETTRE LXIX.

MONSIEVR,

Outre l'inclination que vous auez à seruir generalement tout le monde, & particulierement ceux que vous aimez; Ie remarque sans cajolerie que vous auez encore le don de le faire de si bonne grace, que les simples offices que vous rendez doiuent passer pour des obligations extraordinaires: C'est en ce rang que ie mets tous ceux que vous m'auez rendus, & lesquels vous me continuërez, s'il vous plaist, en toutes les occasions ou vostre entremise & vostre credit me pourront estre necessaires. Ie vous demande cettuy-cy pour m'acquerir quelque estime parmy les honnestes gens de vostre cabale, & celuy-là pour me conseruer les bonnes graces de Monsieur le Marquis de ∴ ∴. Ie le remercie

Mr THEOPHILE.
comme vous voyez, & par
voſtre conſeil & par celuy de
mon deuoir, du ſoin officieux
qu'il a voulu prendre des petits
intereſts de,

MONSIEVR,

Voſtre.

A MONSIEVR
PITARD.

LETTRE LXX.

MONSIEVR,

C'est à l'entremise de Monsieur le Comte de Clermont que ie suis redeuable du commencement de vostre estime pour moy, mais c'est purement à vostre bonté que i'en

veux deuoir la continuation
& le progrez. J'ay veu quelques lignes de voſtre main entre les ſiennes, qui m'euſſent
fait prendre vne trop bonne
opinion de mon eſprit, ſi la reputation du voſtre ne m'auoit
appris il y a long-temps, que
vous eſtes le plus ciuil & le
plus obligeant de tous ceux
qui ſçauent beaucoup. Au reſte, quoy que ie reçoiue l'honneur de voſtre amitié, comme vne grace que vous me
faites, I'oſe dire neantmoins
que s'eſt vne action de iuſtice, à laquelle vous eſtiez en
quelque façon obligé, puis

R iiij

qu'il est vray que ça tousiours esté depuis trois ans vne des choses du monde que i'ay le plus impatiemment desirees; Monsieur ∴ ∴ vous tesmoignera cette verité s'il ne vous l'à point déja tesmoignee. Ce fut luy qui le premier me fit la peinture des excellentes qualitez qui vous rendent si recommandable, & c'est de luy que vous pouuez apprendre les violents desirs que ie conçeus dés ce temps-là d'en connoistre l'original. C'est vne felicité que ie ne pûs gouster en cette ville, quand vous y passastes dernierement, par des malheurs & des raisons qui me font croire que celle où vous estes est reseruée pour me cōmuniquer vn si grand bien. C'est donc à Paris que ie suis resolu de l'aller chercher incontinent apres la S. Martin: Et cependant vous m'accorderez par aduance la faueur que ie vous demande de me pouuoir dire.

MONSIEVR,

Vostre

A MONSIEVR

L'ABBE' DE SAINT PAVL.

LETTRE LXXI.

MONSIEVR,

Vous ne sçauriez vous representer combien grande est la satisfaction que ie reçoy de celle que vous doit apporter la depesche que nous vous enuoyons ; mais comme i'aimerois mieux perdre mon bien que d'vsurper celuy d'autruy, ie vous confesse franchement que ie n'ay quasi point de part à cét office, & que ie croirois en auoir excroqué la moitié de l'obligation, si ie ne declarois que vous la deuez toute entiere à la diligence de Monsieur ∴ ∴ & au credit de Monsieur ∴ ∴ qui tout esloigné qu'il est de soixante lieuës, n'a pas laissé d'opperer vtilement en vostre faueur. Ie croy que ce parchemin vous doit estre vn bouclier impenetrable contre les outrages des gẽs de guerre; au moins suis-je bien asseuré que les Chefs & les plus honnestes Officiers y auront égard & toutesfois ie vous conseille de ne vous y fier que de bonne sorte, & d'éuiter tousiours le plus soigneusement qu'il vous sera possible, les occasions de retomber entre leurs mains; pour ce que ce ne seroit pas la premiere fois que la licence du soldat auroit préualu sur la volonté du Prince qui vous reçoit en sa sauuegarde. Si cette-cy par hazard n'auoit pas toute la valeur qu'elle merite, prenez, s'il vous plaist, la peine de m'en aduertir de bonne heure, & ie trauailleray de tout mon pouuoir à vous en faire sceller

vne autre qui feroit à mon aduis, *finon maioris authoritatis
faltem & fine dubio melioris
nota.* Mais pour cela, il faut
attendre de neceſſité le retour
de Monſeigneur, qui dépend
en partie du ſuccez de ſes affaires ; celuy des voſtres ne
vous laiſſeroit rien à deſirer s'il
dependoit abſolument des
ſouhaits de,

MONSIEVR,

Voſtre.

A
MONSEIGNEVR
LE MARQVIS DE
Humieres.

LETTRE LXXII.

MONSEIGNEVR,

Ie viens de voir vne de vos lettres entre les mains de Madame du Pleſsis, dans laquelle vous luy faites plainte de ma rigueur (c'eſt voſtre terme que ie vous rends.) Ceux qui vous connoiſſent auroient bien de la peine à s'imaginer que c'eſt tout de bon que vous parlez, & qu'eſtant fait comme vous eſtes, vous ayez iamais ſujet de reprocher rien de ſemblable à vos Maiſtreſſes, & moins encore à vos ſeruiteurs. Il me ſemble que mon ſilence meritoit mieux le nom de Diſcretion que celuy de Rigueur, particulierement en vne ſaiſon ou voſtre charge & voſtre courage vous donnoient tout entier aux occupations de la guerre : Mais c'eſt ainſi que les eſprits les plus raiſonnables, ne sont pas tousiours les plus iustes, & que les bons desseins sont quelquefois sujets à de mauuaises interpretations. I'espere que vous me ferez reparation de cette iniure, & que vous aurez meilleure opinion de moy à l'aduenir. Cependant, Monseigneur, si i'ay manqué par respect à vous enuoyer de mes nouuelles, ne croyez pas que par negligence ou par oubly i'aye manqué à m'informer tres-soigneusement des vostres. Quand pour cela ie ne me seruirois pas des moyens ordinaires, ou quand nous serions esloignez

d'vne

d'vne distance beaucoup plus grande que celle qui nous separe, vous estes d'vne Maison trop illustre, & d'vne vie trop éclatante, pour croire que vostre reputation me peust estre long-temps cachee; Nous en auons veu des rayons si beaux & si purs tout ensemble dans la Gazette, qu'ils doiuent communiquer leur lumiere aux endroits les plus remarquables de l'Histoire de nostre Temps : Ie ne pense pas que ceux qui sont employez à sa composition, laissent eschapper vne si belle occasion de couronner vostre vertu. Si le merite de cette genereuse action auoit besoin des ornemens de la Poësie, ie vous offrirois de bon cœur tous ceux dont la mienne est capable, sans pretendre autre recompense de mon trauail, que la satisfaction de vous plaire & la vanité de faire voir à toute la France que ie suis,

MONSEIGNEVR,

Vostre, &c.

CEtte Epiſtre ſuiuante d'Acteon à Diane, faite à l'imitation de celles d'Ouide, eſt à mon aduis vne excellente piece d'Eloquence, où tous les vrays ſentimens d'vne Amour haute, diſcrette & violente ſont parfaitement bien repreſentez.

EPISTRE D'ACTEON A DIANE,

OV

LE CHASSEVR AMOVREVX.

C'EST auec vn extréme regret (tres-belle & grande Diane) que ie vous donne aujourd'huy la peine d'apprendre la cause de la mienne, par la lecture de ces lignes, & que ie contreuiens à la constante resolution que i'auois prise, de ne vous dire iamais que ie me meurs pour vous d'vne passion la plus violente du monde, & la plus raisonnable : Maintenant ie vous demande humblement pardon, non de la faute que ie puis auoir commise en vous aymant, puis que bien loing de m'en repentir ie fay serment de la continuer ; mais seulement de la confession que ie vous en ose faire. Ie ne doute point que la liberté que ie prends de vous declarer mon amour, ne vous offence dauantage que mon amour mesme, & que suiuant la coustume de celles de vostre rang à qui les moindres actions contre le respect sont des crimes irremissibles, vous ne me regardiez desia comme le plus digne sujet de vostre indignation & de vos vengeances. toutesfois si vous vouliez vn peu suspendre vostre cholere, & ne me condamner pas auant que de m'auoir ouy, i'ose presque esperer, que vous ayant exposé les raisons qui m'ont poussé comme par force à cette audacieuse entreprise, votre misericorde trouuera plustost occasion de me plaindre & me pardonner, que vôtre iustice n'aura sujet de me punir. Il est dõc vray Tres aymable Deesse, qu'apres mille combats rendus pour la deffence de ma liberté, l'experience me fit connoistre à la fin que ie luttois en vain contre la puissance de l'Amour, ou pour mieux contre la vostre: puis que c'est de vos beaux yeux seulement qu'il empruntoit toute sa force; De sorte qu'abandonnant le soin de luy contester dauantage la victoire, ie tournay tout ce qui me restoit d'adresse & de conduitte, à m'empescher faire aucune chose qui vous peust donner le moindre tesmoignage de ma deffaite. En suite de ce penible dessein, i'accoustumay si bien toutes mes actions à la contrainte, & pratiquay si bien l'art de brûler & se taire, qu'il est impossible que iusques icy personne ait penetré dans la connoissance de mon mal. Mais comme la plus part des choses dont la prudence humaine entreprend la conduite, ont plus de la moitié du temps vn succez ou moindre ou tout autre que celuy que raisonnablement on s'en estoit promis : il est arriué que ie me suis trompé moy-mesme, & que les diligences que i'apportois à vous dissimuler ma passion ont esté iustement des sujets de vous la declarer. Ie veux dire qu'elle s'est tellement fortifiee en moy par le temps & la longueur de mon silence, qu'apprehendant auec raison que son prodigieux accroissement n'allast enfin à l'aneantissement de ma sagesse ; l'ay mieux aimé la découurir moy-mesme à vous seule auec respect, que me mettre au hazard d'attendre qu'elle mesme se declarast à tout le monde auec indiscretion. Il est bien vray ce qu'on nous raconte d'Alphée & de certains autres fleuues, qui par des conduits sousterrains se desrobent pour quelques jours aux yeux de toute vne contree : Mais qu'il y en ayt jamais eu qui dés le commencement de leur cours, iusques à la fin, se soient empeschez de paroitre, c'est vne chose que ie ne pense auoir encore ouy dire: Croyez qu'il en est de mesme d'vne violente affection, & si l'on est d'accord qu'on la peut couurir quelques fois pour quelque temps, il ne s'enfuit pas necessairement qu'on le puisse faire tousiours, ny pour tousiours. Pour moy, tant que i'ay creu pouuoir estre maistre de la mienne, ie l'ay si bien empesché de se produire, que vous-mesme ne vous en estes jamais apperceuë : Mais aujourd'huy que ie sens defaillir mes forces, & que ie me vois à la veille d'obeïr à celles de mon Amour, fay ie quelque chose contre le respect que ie vous doy, si cedant à la necessité, ie laisse aller vn prisonnier, de la garde duquel ie ne suis plus en estat de pouuoir respondre? & qui sans doute eust brisé ses liens auec beaucoup de bruit, si la discretion ne m'eust conseillé de l'en deliurer plustost tout doucement. A vostre aduis, sage Diane, n'auois-ie pas matiere de craindre, que parmy tant d'occasions de vous voir, que me donne ma qualité de Chasseur, il ne m'eschapast quelque soûpir ou quelque regard, qui par malheur eust pû faire connoistre à vos Compagnes ce que ie serois bien marry qu'elles soupçonnassent tant seulement? Et que sçait on encore, si m'opiniastrant dauantage à ne donner point air au feu qui me consume, il ne me fuſt point arriué la meſme choſe qu'à ces miſerables malades, qui pour auoir trop attendu de ſe faire eſuenter la veine, tombent de fiévre en chaud-mal, & de chaud mal en reſuerie? qui leur gaſte l'imagination, leur es-bloüit le iugement, & finalement les diſpenſe du ſecret de leurs plus occultes penſees ſans difference aucune des oreilles qui les eſcoutent. Certes ſi la cōſideration de ces raiſons eſt trop foible pour meriter que voſtre bonté m'accorde la grace du crime de ma procedure, (trop audacieuse à la verité pour vn mortel qui seroit moins trāsporté que ie ne suis) au moins se trouuera-t'elle assez forte pour combattre en vostre esprit, l'opinion qu'il pourroit auoir conceuë, que le tesmoignage que ie vous rends de mon amour, fust vne preuue de mon outrecuidance, & de la presomption qu'en pareilles entreprises on soupçonne ordinairement aux personnes de mon âge. Fortifié de cette creāce qui me flatte, ie passeray plus librement à la continuation de mon discours, par lequel vous apprendrez, s'il vous plaist, la naissance & le progrez de la plus ardante affection, & la plus digne de pitié dont on ayt iamais ouy parler? Ne craignez pas que i'abuse indiscrettemét de vôtre patience, ie diray peu, mais ie diray la verité.

Il y a iustement deux ans que les premieres ardeurs du feu qui me brusle aujourd'huy si viuement, commencerent de m'eschauffer. Ce fut en la plus agreable saison de l'annee, vn iour que pour éuiter les excessiues chaleurs du Soleil, ie m'estois mis au pié d'vn grand Fresne, qui fait ombrage à la Fontaine des rochers. Helas il me doit bien souuenir nir du nom & de la place de cét Arbre: car quelque temps apres, venant à faire reflexion sur les circonstances de mon aduenture, ie grauay ces mesmes vers sur son escorce auec la pointe de mon dard.

Sous cét arbre, Amour en cholere
Fit venir vn ieune Chasseur,
Qui fuyant les regards du frere
Se perdit à ceux de la sœur.

Ie m'estois arresté dis-je au pied de ce bel Arbre en intention

tion d'y rencontrer le repos & la frascheur que ie n'y trouuay pas, & miserable que ie fus il arriua tout au contraire, que i'y trouuay l'inquietude & la chaleur que ie n'y cherchois pas. I'acheuois à peine de me composer en la posture qu'il faut tenir pour se delasser & se preparer au sommeil, quand vn grand bruit confus de Cors & de Veneurs fit retentir toute la forest. Quoy que fort ieune alors, ie n'estois pas neātmoins si nouueau dans le mestier, qu'à la voix des chiens & des Chasseurs, ie ne iugeasse incontinent que la beste qu'ils suiuoient auoit donné le change & les auoit mis en deffaut. Ie ne fus pas long-temps à sçauoir que c'estoit Diane qui chassoit : car outre que de la grandeur de l'equipage, il m'estoit facile de monter à la connoissance de celle qui le menoit, ie vous vis aussi-tost paroistre à la queuë de vos leuriers d'Hircanie, & certes vo' couriez auec tant de vitesse, que vous fustes quasi plutost à moy que ie n'eus le loisir de me prosterner à deux genoux, afin de vous adorer. L'habillement & les armes que ie portois vous firent aisément connoiſtre ce que i'eſtois. Cela vous obligea ſans doute à vous arreſter vn peu pour me demander ſi ie n'auois point veu le ſanglier, & comme ie vous eus répondu que ie ne l'auois point veu, vous me commandates de deſcoupler deux grands Chiens que ie tenois en leſſe, Melampe & Tygrin ; Tous deux extrément hardis, & parfaitement bons connoiſſeurs, & ne bouger de la place où i'eſtois, que ie n'euſſe aduerty vos Nymphes de la route que vous teniez. Cela dit, vous vous en allaſtes, où pour mieux dire, vous vous enuolaſtes, puis qu'on ne ſçauroit mieux comparer la viteſſe de voſtre courſe d'alors, qu'au vol d'vne fleſche ou d'vn oyſeau. Quant à moy auſſi immobile que l'Arbre contre lequel i'eſtois appuyé: (Et pleût au Ciel auſſi inſenſible) ie vous ſuiuis de l'œil autant que mes regards ſe peurent eſtendre, eſtendant par maniere de dire auec les yeux la faute que i'auois deſia faite auec les meſmes yeux. Car il eſt vray, belle Diane, que non content de l'honneur de la commiſſion que vous m'auiez donnée, i'eus encore la temerité de leuer la veuë iuſques à vostre visage, & de regarder auec curiosité ce que ie deuois seulement adorer auec crainte. Ie vis vn front plus poly qu'vne table d'yuoire, où la douceur & la majesté faisoient ensemble cét admirable temperament, dont se forme l'Amour, qui n'est iamais sans le respect; Ie vis des yeux de qui les modestes regards repoussent l'insolence des desirs, & prescriuent des bornes legitimes aux affections que la viuacité de leur lumiere allume dans les cœurs. Ie vis vne bouche de cinabre, d'où les paroles & les sousris ne sortent jamais que par compas : Vn teint d'vne netteté sans exemple, & qui dans sa disposition naturelle fait honte à la blancheur des lys ; mais qui pour l'emotion où vous estiez alors à cause de vostre course, auoit la mesme couleur des roses: Bref ie vis en vn clin d'œil ce que tous les yeux du Ciel & de la terre ne sçauroient voir en mille siecles dans vn autre visage que celuy de Diane. O belle & malheureuse veuë ! la viue source de tant de soûpirs, de larmes & d'inquietudes, qui par l'espace de deux annees ont troublé le repos de ma vie, &

finalement le sujet infaillible de ma mort, si vous n'auez pitié de mon aduenture. Non que cette premiere rencontre, non plus que de beaucoup d'autres suiuantes, s'esleuat en mon ame aucune passion que l'on peust appeller Amour; Ce que ie sentis alors de mesme que long-temps apres, fut vn certain agrément que ie trouuois à m'entretenir de vos merueilles; Ie prenois plaisir à me r'amenteuoir les paroles que vous m'auiez dites: Ie r'apellois aux yeux de ma pensée, le glorieux estat où ie vous auois veüe; Ie ne pouuois me lasser d'admirer cette taille, ce port, cette grace, en vn mot toutes ces admirables qualitez auec lesquelles vous surpassez toutes les autres Deesses, auec autant ou plus d'auantage que le Pin surpasse les buissons. Iusques-là ce n'estoit encore qu'vne simple complaisance de mon imagination, & au pis aller qu'vne semence d'amitié, dont la seule absence pouuoit empescher la fecondité. Mais helas ! le peu d'experience que i'auois en semblable matiere, jointe au propre mal-heur de ma constellation, fit que ie ne m'aduisay iamais de recourir à ce remede-là, que la force de mon mal ne l'eust rendu inutile. Car enfin pour m'acheuer de perdre, n'arriua-t'il pas que les deux chiens que vous m'auez emmenez se porterent si vaillamment, non seulement à la mort de la premiere beste que vous leur vistes forcer, mais encore à la fin de quantité d'autres que vous leur fistes courre, que cela vous fust vn sujet de trouuer bon que ie me meslasse quelquefois à la troupe de vos Nymphes; & comme i'entédois assez bien la Venerie, vous agreastes de plus que ie fusse entierement de vostre chasse. Il n'est pas possible de s'imaginer le contentement que ie receus de cét hôneur-là, non tant en consideration de la gloire que m'apportoit le priuilege de vous suiure, que pour me voir en possessiõ d'estre ordinairement aupres de vous, & de vous rendre quelque seruices. O Dieux! que la trop grande cõmodité de m'approcher de vous m'esloigna depuis de moy-mesme : Et que i'appris bien-tost à mes despens combien il est dangereux de voir plus d'vn moment vne beauté comme la vostre ; Helas, qu'au changement de mon naturel, il me fut aysé de connoistre celuy de ma condition. Ie ne prenois plus aucune sorte de plaisir à la chasse, horsmis celuy de vous y suiure. Mes chiens & mes filets autrefois mes plus cheres occupations, ne m'estoient plus considerables, qu'autant qu'ils estoient propres à vostre diuertissement, & qu'ils seruoient à me faciliter les moyens de vous entretenir quelquefois. En fin les souspirs qui me grosissoient le cœur en vostre presence, & les larmes qui m'eschapoient des yeux en vostre absence m'aduertirent trop tard que i'estois amoureux. Mon pere Aristée, & ma mere Autonoé ne furent pas des derniers à s'apperceuoir de ma tristesse, ny des derniers à s'en attrister. Sur tous le bon-homme Cadmus mon Ayeul, que i'auois accoustumé de resiouyr du recit de mes aduentures de chasse, trouuoit bien à dire la gayeté de mon humeur ordinaire. Tous les iours que ie vous auois veuë, ie reuenois le soir au logis plus languissant, pour ce que ie reuenois plus enflamé. Les bonnes gens s'affligeoient outre-mesure de mon ennuy. Mais quoy! la part qu'ils y pre-

Mr THEOPHILE. 301
noient n'auoit garde d'en a-
moindrir en moy la pesanteur.
Ie souffrois doublement en les
voyant souffrir, pour ce que ie
souffrois de leur douleur &
de la mienne propre. Cóme ils
ne sçauoient à quel accident
rapporter la cause de ma langueur, ils furent contraints de
me la demander, & moy contraint de la leur dissimuler, en
les asseurant que ie ne la sçauois pas. Combien de fois ont-
ils chargé de vœux & de victimes les autels d'Æsculape,
ignorants qu'ils estoient de la
nature de mon mal ; pendant
que d'autre costé, ie me sacri-

fiois moy-mesme aux beaux yeux de Diane. Enfin comme ie n'ay jamais perdu la raison en vous aymant, elle me conseilla de chercher ma guerison dans l'absence, me faisant voir assez clairement que ie beuuois par les yeux l'agreable venin qui m'empoisonnoit le cœur: Que mes regards, que i'auois continuellement attachez sur vostre visage, estoient la veritable matiere qui dōnoit chasque iour nouuelle force à ma passiō; & bref que pour esteindre ce brasier que le vent de mes souspirs & l'humidité de mes pleurs allumoient dauantage, ie n'auois rien de plus present que de ietter de la terre deſſus, c'eſt à dire,

De vous quitter la place,
Et m'oppoſer au feu dont me
bruſlent vos yeux,
Cette inſenſible glace,
Que iette dans les cœurs la
diſtance des lieux.

Ie fus long-temps ſans me pouuoir reſoudre à me ſeruir de ce remede, que les mieux entendus en l'art d'aymer iugeront pire que le mal, à la guerison duquel ie le voulois employer. Toutefois par vn effort de ſagesse extraordinaire, ie me deliberay de chercher mõ salut en ma fuite, & d'oster à mes yeux le plaisir de vous voir, pour empescher mon ame de vous aymer. Ie priay donc mes parens de trouuer bon que ie me separasse d'eux pour quelque mois. L'opinion qu'ils eurent que le changement d'Air & la diuersité des païs diuertiroient la profonde melancholie, où m'auoit ietté l'excez de cette amour, les fit consentir plus facilement à mon absence. Pour faire court, ie m'en allay viure parmy les Atheniens, auec ferme dessein de ne retour-

retourner iamais à Thebes, que le temps n'eust guery ma blesseure, iusques au poinct d'en effacer la cicatrice: Mais apres tout (Chaste Diane) que ma resolution & mon voyage furent de peu d'effet; vn an passa presque tout entier sans que ie vous visse des yeux du corps, & cependant vn seul iour ne se passa point, que ie ne vous consideralse attentiuement des yeux de l'ame & de la pensee. I'auois beau deffendre à ma memoire de m'entretenir de vous : Beau commander à ma fantaisie de ne me representer point vostre pourtrait: & beau m'estudier à destruire ma passion auec autant de soin qu'vn autre s'en fut donné pour la conseruer: Les plus belles heures du iour s'escouloient insensiblement en l'imagination de vos merueilles, de mesme que la pluspart des nuits vous estiez l'agreable sujet de mes songes. Helas ! ce seroit bien en vain que le Cerf que vous auriez blessé d'vn coup de flesche dans nos bois, croiroit se garantir de la mort pour s'enfuyr en d'autres forests bien esloignees, ou qu'vn malade penseroit se deffaire de sa fiévre pour changer de chambre ou de lit. Comme l'vn & l'autre porte auec soy la cause de sa douleur, i'auois auec moy-mesme & dans moy-mesme le trait empoisonné qui me perçoit le cœur, & l'Archer qui me l'auoit tiré. Les Dieux me sont tesmoins, que ie n'oubliay rien de tout ce qui pouuoit terminer vne maladie, dont i'ay tousiours apprehendé le succez, & dont ie ne me suis jamais promis que la guerison me deust venir de vostre douceur. Cependant soit que l'Amour s'attache plus fortement aux esprits melancholiques qu'aux autres, soit que ma passion venant d'vne cause immortelle, ne fut pas sujette à mourir, où soit que les destins ayent arresté que le miserable Acteon sera le martyr & la victime de Diane. Il me fut du tout impossible de viure vne seule iournee sans vous auoir & dans la bouche & dans la pensee. Mon amour ainsi que la terre se soustenoit encore d'elle-mesme, & se maintenoit par sa propre force. Il est bien vray que si elle ne perdoit riẽ de sa vigueur, au moins suis-ie certain qu'elle n'en acqueroit point de nouuelle comme elle auoit accoustumé de faire auparauant que ie m'esloignasse de vous. Cela me donnoit esperance que ne pouuant pas demeurer tousiours à mesme poinct; elle deuiendroit auec le temps capable de diminution, ne le pouuant plus estre d'accroissement. Certes si le seul effort de ma raison & de ma volonté ne suffisoit pas à rompre mes chaisnes, il est hors de doute que le temps tout lent & paresseux qu'il est, à la fin les auroit vsees, si l'aduenture qui depuis les a renforcees, n'en eust empesché la procedure. O Dieux ! que la prudence humaine est ridicule, & qu'il est mal-aisé de nous sauuer quand les Estoilles ont resolu de nous perdre. I'estois dans la grande ville d'Athenes, où ie me nourrissois de la plus noire melancholie qui puisse tomber sous l'imagination, quand la nouuelle inesperee de vostre venuë y surprit generallement tout le monde, & moy particulierement, qui preuis incontinent les merueilleuses inquietudes où m'alloit replonger cette rencôtre. Tout le peuple estoit en ioye de vostre arriuee, & i'estois le seul qui parmy les rejouyssances publiques, conseruois vne tristesse particuliere. Helas ! i'auois autant de raison d'apprehender voſtre venuë, que les autres en auoient de la ſouhaitter. Les Atheniens vous regardoient comme vn agreable flambeau qui venoit pour les eſclairer, & moy ie vous conſiderois comme vne foudre ineuitable, qui s'approchoit pour me conſumer. Ie fus deux ou trois fois ſur le poinct de ne vous attendre pas. Deux conſiderations à la fin me firent changer de deſſein. L'vne que mon abſence ſi ſoudaine, euſt donné ſujet de parler à mes ennemis, qui trop inſtruits du meſpris ſacrilege que Penthee mon Cousin germain a fait depuis peu du Dieu Bacchus, lors qu'il institua ses premieres festes dans Thebes, n'eussent pas oublié de m'accuser de l'impieté de ma Race: L'autre que vous-mesme n'ignorant pas que i'estois asseurément dans le pays, vous vous fussiez peut-estre offencee que ie m'en fusse retiré sans rendre à vostre diuinité les adorations que ie luy dois, sur le temps iustement qu'elle y arriuoit. Tant y a qu'auec vne indicible repugnance de ma volonté, ie fus contraint par la bienseance des choses de me presenter deuant vous. Ie vous vis donc, mais ô bons Dieux; ie vous vis tout autrement & tout autre que ie ne vous auois jamais veuë. Vous me semblastes auoir ce jour là plus de grace, plus de majesté, plus de meruelles & plus de diuinité qu'auparauant. Il est croyable auec beaucoup de vray-semblance, que si mes yeux vous iugerent aymable au delà de l'ordinaire, ce fut par la mesme raison qui fait qu'apres vne longue & profonde obscurité, la lumiere nous paroist plus agreable que de coustume, pluftost que par aucun accroifsement de vostre beauté, à qui ny le temps ny les lieux ne sçauroient donner aucune chose, comme ils ne luy peuuent rien oster : Iugez de grace, si vous reuoyant auec de nouueaux attraits, ie ne conçeus pas aussi de nouueaux desirs, & si mon amour dont les regards sont la nourriture, apres vne abstinence de tant de mois se peust empescher d'en appaiser sa faim, pour ne dire pas de l'en assouuir. Enchanté du plaisir de vous regarder, ie laissois boire à mes yeux le philtre empoisonneur qu'ils puisoient dans les vostres, auec la mesme ardeur & le mesme succez que le Cerf alreré se plaist à boire les eaux qui luy coustent la vie. Bien-tost apres, à cause que la saison n'estoit gueres propre à la chasse; Le repos de la solitude vous attira dans la delicieuse vallée de Tempé. Ie me resolus incontinent de retourner à l'exercice de mon premier remede, afin d'effacer au moins en vostre absence, ce que vostre fatale presence m'auoit imprimé de nouuelles imaginations: En effet, i'eus bien assez de resolution pour vous laisser partir, mais ie faillis à n'auoir pas assez de force ny de courage, pour supporter les ennuis qui m'accueillirét en foule apres que vous fustes partie. Toutes les comparaisons des plus cruelles peines que la iustice des Enfers ordonne aux ames les plus criminelles, ne sont pas capables d'exprimer la grandeur de celles que ie souffris alors, & que i'ay souffertes depuis toutes les fois qu'il ne m'a pas esté permis d'estre aupres de vous. Il me suffira de vous dire, que ie ne trouuay point d'autre soulagement à ma tristesse que de vous aller voir. Alors veritablement ie m'apperçeus que mon Amour

s'estoit bruslé les aisles qui luy
seruirent autrefois à vous quitter, & que desormais il n'en deuoit plus auoir que pour vous
suiure. Ie vous ay voulu raconter toutes ces particularitez de ma fortune, afin que
vous connoissiez par quelles
routes & par quels degrés le
Sort m'a voulu conduire au
sommet de la plus haute affection qui fut jamais conçeuë, &
que ie ne me suis point embarqué de gayeté de cœur ny par
outrecuidance sur vne mer, où
sans vne grace particuliere de
vostre bonté, ie ne puis attendre que le naufrage, ny me pro-

poser vn meilleur havre que la mort. Voila, Belle & Grande Diane, la naissance & le progrez de mon amitié, heureuse ou mal-heureuse au fils d'Aristée, selon qu'il vous plaira d'en determiner le succez. Pour moy, ie ne pense pas qu'auec les circonstances qu'elle a, telles que d'estre toute pour vous seule, toute respectueuse & toute grande, vous y pussiez remarquer aucun deffaut (horsmis celuy de ma naissance & de ma fortune) qui vous oblige à la rejetter. Il est vray que la distance de nos conditions est infinie, & que

Mr THEOPHILE.
si l'on cherchoit ce que ie suis au prix de ce que vous estes, on trouueroit iustement que ie ne suis rien. De là vient aussi que ie vous ayme sans pretention aucune de recompense. Quand ie vous offre mõ cœur, ie ne doute point que l'offrande ne soit indigne de la majesté de l'Autel: Auec tout cela, neantmoins, ie veux esperer qu'ayant égard à la pureté de l'hostie vous n'en refuserez pas le sacrifice, si vous en méprisez le sacrificateur. Non que ie ne sçache bien que la mesme Puissance qui me gouuerne aujourd'huy, a autrefois approché

des extremitez aussi reculées que nos fortunes sont inégales. L'Amour a verifié cette merueille en son propre sang, faisant trouuer de la proportion entre sa mere & le beau Chasseur Adonis. Le froid & melancholique Endimion, tout Pasteur qu'il estoit a receu mille fois des visites & des baisers de la Lune sur la montagne de Latmos. Cōbien de fois la jeune femme du vieil Titon, a-t'elle ouuert les portes de l'Orient, plutost qu'il ne falloit pour satisfaire aux ordres de la nature, afin d'aller s'entretenir auec Cephale ? Sans alleguer icy

Mr TEHOPHILE. icy le rauissement d'Orion, à qui son affection & son credit font auoir place entre les Astres. Cette belle communiquation du Ciel auec la Terre n'a pas esté moins en vsage parmy les Dieux que parmy les Deesses. Vous mesme n'en auez vous pas veu les effets en l'aduenture de Caliste ? que i'estime plus glorieuse pour auoir eu l'honneur d'estre vne de vos Nymphes, que pour l'aduantage qu'elle possede, de luire maintenāt parmy les Estoilles : Et sans tirer des authoritez de plus loin que vostre Race & la mienne, vostre frere vnique Apollon n'a-t'il pas recherché les embrassemens de Cyrene, mon Ayeule paternelle ? Où ne l'a t'on point veu courir & souspirer apres la dédaigneuse fille de Penée, qui pour l'inuincible dureté de son cœur, auoit merité de laisser plutost la dépoüille de sa beauté sous l'escorce d'vn chesne que d'vn laurier ? Ie vous dis toutes ces choses, afin de vous representer que ie ne suis pas le seul petit buisson, sur qui l'on a veu descendre le feu du Ciel, non pas à dessein de vous persuader de vous dispenser en ma faueur du rang & de l'humeur

Mr THEOPHILE. que vous tenez. Ce que voſtre clair iugement à qui rien n'eſt impenetrable, ne pourra point donner à la raiſon, difficilemét l'accordera t'il aux exemples. Quand ie vous propoſe ceux de l'Aurore ou de Venus, mon intention n'eſt pas de vous obliger à les imiter. Ie ne demande pas que vous vous abbaiſſiez iuſques à moy, mais ſeulement que vous me permettiez de m'eſleuer iuſques à vous ſur les aiſles de mon amour. Eſtant tout de flamme comme elles ſont, ne dois je pas eſtre aſſeuré qu'elles ſeroient aſſez fortes & aſſez promptes pour me porter en vn moment au dessus de la plus haute Sphere ou vous puissiez iamais monter, quand le mespris de la bassesse de la Terre vous la feroit abandonner? Nous parlons hardiment des choses qui sont en nous, & que nous sentons iusques au fonds de l'ame : C'est pourquoy ie ne croiray point me tromper, quand ie diray que ma passion est iustement proportionnee à la grandeur de son sujet, & qu'elle est peut-estre l'vnique en son espece, de qui la vanité n'excite point les mouuemens. Ie iure par tout ce qu'il y a de plus saint dans l'vn & dans l'autre monde, que vostre puissance & vostre condition sont les dernieres graces que i'ay tousiours considerees en vous. Tout mortel que ie suis, ie ne vous ayme pas tant pour ce que vous estes Deesse, que pour ce que vous possedez toutes les eminentes vertus qui vous rendroient digne de l'estre si vous ne l'estiez pas. Et quand par vne prompte & prodigieuse reuolution des choses, la Fortune m'auroit mis aujourd'huy sur la teste la Couronne de tout l'Vniuers, auec absolu pouuoir de commander à tous les Nations de la Terre : Toutes les Nations de la Terre me verroient aujourd'huy descendre de mon Trosne pour en faire le siege de vos pieds. Si ma satisfaction m'estoit plus chere que vostre gloire, il me seroit à desirer que de tant d'excellentes qualitez dont vous estes doüee, celle d'estre grande se peut rayer du nombre. De toutes les autres vous m'attirez, auec celle là vous me repoussez. Vostre grandeur est vn Colosse qui me fait peur, & dôt l'excessiue hauteur ne peut auoir aucun appas que pour les

Temeraires, ou pour les Geãts: de moy qui suis encore à comprendre la sotte vanité d'Ixion, ie souhaitterois de toute ma volonté, que ne pouuant estre esgal à vous, vous deuinssiez vous mesme esgale à moy, si l'accomplissement de ce vœu ne faisoit point d'outrage à vostre fortune. Car si dans cette égalité de nos conditions ie n'estois asseuré de m'acquerir vos bonnes graces, i'aurois pour le moins esperance de les meriter par mes seruices, & raison en tout cas, de vous accuser d'ingratitude; ce que ie ne puis faire auec iustice, s'il est vray qu'en la distance où nous sommes, rien qui parte iamais de moy, ne puisse arriuer iusques à vous auec pouuoir de vous obliger. Vous iugez bien (Sage Diane) par la force de ces raisons, que l'Ambition n'est point la nourrice de mon Amour, de mesme que l'Orgueil n'en fut point le Pere, ny l'Outrecuidance la Mere. Combien de fois ay-ie dit, parlant à mes pensers.

O pensers, malgré moy deuenus trop superbes,
Qu'en vostre plus grand vol il vous sieroit bien

mieux,
De ne pas esgaler la bassesse des herbes,
Que de vous élever à la hauteur des Cieux.

La plus fascheuse de tant de craintes qui me trauaillent, est que vous ne vous imaginiez que ie recherche vostre bienveillance pour en profiter, & m'ouurir la porte à des honneurs qui me rendroient considerables parmy les miés, au delà de ce que ie le puis estre par ma naissance. Mais à cela, faites moy la grace de croire qu'vn si lasche artifice ne me tôba iamais dans la pensée, & que si par vne extraordinaire metamorphose, de puissante Deesse que vous estes, vous veniez à n'estre plus qu'vne simple Bergere, ayant tousiours les mesmes dons d'ame & de corps que vous auez, i'aurois encore la mesme disposition que i'ay toûjours euë à les adorer. Ce que ie dis est si veritable, que ie n'apprehenderay point de faire priere à Iupiter de me precipiter d'vn coup de Tonnerre dans les Enfers, au cas que mes paroles ne se trouuent d'accord auec mes sentimens. Vous seruir & vous ado-

Mr THEOPHILE.

rer sont les seuls aduantages que ie pretends tirer de ma passion. La plus grāde richesse que ie vous demande, c'est la liberté de souspirer pour vous iusques à la mort ; Et pour tout excez de faueur, la permission de vous entretenir quelquesfois de mes peines. Cettuy-cy despend absolument de vous; pour celuy là il est bien en vous de me l'accorder, mais hors de vous de me le refuser: Car quand vous seriez mesme si déraisonnable que de me commander de ne vous aymer plus, il me seroit impossible de vous obeyr. Non, non (Bel-

le Diane) dans la parfaite reſi-
gnation que ie vous ay faite de
mes volontez, celle de con-
trarier à la voſtre en pareil
commandement, à touſiours
eſté la ſeule que ie me ſuis reſeruee. Au demeurant, ne pen-
ſez pas me rendre la gueriſon
par la priuation du ſujet d'où
procede ma maladie. Ie vous
ay deſia proteſté que l'éloignement eſt vn remede infru-
ctueux pour moy. Apres l'experience que i'en ay faite durant le cours de plus d'vne annee, i'en puis parler aſſeuré-
ment : Ma paſſion eſt par-
uenuë à tel degré de hauteur,

Mr THEOPHILE.
qu'il ne se trouue plus desormais de milieu pour moy, entre cesser de viure, & ne vous voir pas. Faites mieux, si vous ne voulez pas commander à vostre douceur de me consoler, deffendez pour le moins à vostre rigueur de me desesperer. Souffrez seulement par compassion que le feu qui me brusle, acheue de me consumer aupres de vous, auec cette asseurance & cette condition, que voicy la derniere importunité que vous en receurez iusques à la fin. Vous ne deuez pas faire difficulté, ce me semble, de vous accorder à ma

priere: Car outre que cette faueur me tiendra lieu de grace & de recompense ; Le terme de vostre patience ne sera pas long, puisque celuy de ma vie à laisser simplement les choses comme elles sont, ne sçauroit estre que fort court. Il est certain que les violentes affections de l'ame agissent violemment sur le corps, & iettent la santé hors de son assiette : La passion que i'ay pour vous, m'a tant de fois & si long temps échauffé le sang, qu'elle m'a pû causer vne espece de fiévre lente, dont les accez redoublent reglement en vostre presence.

De là procede cette extraordinaire langueur de corps & d'esprit, qui se remarque en ma personne, au grand estonnement de ceux qui m'ont conneu pour vn des plus actif de mon âge: Et par là s'augmente en mon humeur, la naturelle disposition que i'ay tousiours euë à la melancholie : De telle façon que ie ne suis pas seulement insuportable aux autres, mais encore à moy mesme. Il y a long-temps que i'ay perdu le repos du lict, & que le plaisir de la table ne me touche plus : Aussi n'ay-ie pas aujourd'huy la quatriesme partie des forces que ie foulois auoir: Et ie doute raifonnablement qu'il m'en refte affez pour vous fuiure à la Chaffe, & me tenir en mon deuoir deuant vous. L'autre jour ie me regarday dans vne Fontaine, où ie m'eftois plutoft arrefté pour refuer en liberté, que pour me raffraifchir; & certes ie vis vn vifage fi maigre & fi deffait, que j'eus dela peine à le reconnoiftre pour mien. Auec toute la verdeur de ma jeuneffe, ie fuis defia prefques auffi fec que le bois de mon Arc, où qu'vn arbre que la foudre à couru depuis le faifte jufques à la racine:

Cepen-

Cependant, ne prenez pas mes paroles pour des termes, & des Hyperboles ordinaires à ceux qui se plaignent d'Amour. Ce que ie raconte est iustement ce que ie sens, si pour le moins ce que ie sens se peut iustement raconter. L'experience vous fera voir que c'est icy la veritable description du veritable estat de ma vie, non point vne peinture faite à plaisir auec les couleurs & les rehaussements de la Poësie. Helas ! si vous a-uez enuie de vous deffaire de moy, il n'est pas necessaire que vous fassiez tonner sur ma teste, où que vous me passiez à trauers le cœur toutes les flesches de voſtre Carquois: Celle que i'y porte deſia ne ſuffit que trop à me donner la mort. Laiſſez faire l'Amour & la Triſteſſe. Ils ſe ſont opiniaſtrez à loger chez moy depuis deux ans : ie puis répondre de leurs actions. Ce ſont deux hoſtes, ou pour mieux dire, deux ennemis domeſtiques qui ſortent rarement d'vne maiſon qu'ils ne l'ayent renuerſée & miſe en cendre, pource que l'vn y trauaille inceſſamment auec la ſappe, & l'autre auec le feu. Mais à quelle ſorte de diſcours me laiſſe-je emporter! Ie ne prends pas garde que pendant que ie defefpere de mon falut, ie vous fay la plus grande iniure du monde, en me deffiant du fecours de voftre bonté: Comme fi pour moy feul vous vouliez perdre cette haute & diuine vertu que vous auez toujours poffedee en pareille éminence que les autres. pourquoy ne croiray-ie pas auffi-toft, que vous me ferez pitoyable, & que ne doutant point de la pureté d'vne affection que vous auez fait naiftre, vous contribuerez enfin quelque chofe du voftre à fa nourriture? O Dieux! fi par vn excez de misericorde & de pitié, au lieu de vous courroucer contre mon amour, vous luy donniez plutost ce courage, qui ne luy peut venir que de vostre part, & cette noble asseurance que doit auoir vn enfant né de pere mortel, pour oser entretenir vne Deesse de viue voix, & l'appeller sa mere; Est-il quelque felicité dans le Ciel & sur la Terre qui soit d'assez longue estenduë pour ne pas demeurer au deçà de la mienne ? Il me semble vous auoir ouy dire que tous les hommes vous estoient suspects, pour ce qu'ils estoient

tous prophanes : Ie m'asseure
que si vous les cōnoissiez tous
parfaittement, vous restrain-
driez la generalité de cette re-
gle, & que vous en parleriez
desormais auec exception. Au
reste ne vous imaginez pas, s'il
vous plaist, que pour estre indigne de la moindre de vos
faueurs, ie ne sois pas capable
de la receuoir, quãd au de là de
mon esperance & de mon merite, il vous arriueroit de m'en
vouloir gratifier. Ie ne suis pas
de ceux à qui l'excessiue joye
oste le iugement, & la familia-
rité le respect. Plus ie reçoy de
benefices d'vn autel, & plus

Y iij

i'y fay brufler d'encens. Ie n'ay iamais ignoré que le secret eſt l'ame de l'Amour, & que les bien-faits qui viennent de ſa main, ſont d'vne nature tellement differente de tous les autres, que c'eſt beaucoup d'ingratitude & peu de courage à quiconque les a reçeus, de les publier. A cela prés (Tresbelle & Tres-grande Diane) ne craignez point de me donner des preuues de voſtre bienveillance, s'il aduient quelque iour que la conſideration de m6 amour ſans exemple, vous force d'en auoir pour moy. Croyez que ie n'auray pas moins de discretion à receuoir les presens du Ciel, que de patiéce à les attendre, & qu'ayāt resolu d'accommoder toutes mes volontez aux vostres, (pourueu que vous ne veuilliez point la ruine de mon affection) ie vous rendray tousjours vne si parfaite & si respectueuse obeyssance, que vous n'aurez point sujet de vous repentir d'auoir sauué la vie au miserable Acteon.

Acteon cacha cette lettre dans le collier de son fidelle Tigrin, de façon toutesfois qu'elle paroissoit assez pour donner de la curiosité à Diane;

Y iiij

Et comme ce Chien estoit celuy que la Deesse aymoit dauantage, & à qui elle faisoit plus de caresses, il ne manqua point de la luy porter, ny elle aussi de la voir, suiuant l'intention de celuy qui l'auoit escrite: Sa Metamorphose nous apprend le succez de ses Amours.

FIN.

CEux qui font profeſsion de ſe conneſtre aux belles choſes, & qui ſçauent que chaſque genre d'eſcrire à ſon caractere tout particulier, remarqueront ſans doute à l'aduantage de mon Autheur, la iudicieuſe difference qu'il a voulu mettre, entre le ſtyle de la Lettre, qui doit eſtre ſimple & coupé, & le ſtyle de l'Epiſtre, qui demande plus d'ornement & plus d'eſtenduë. C'eſt ainſi pour le moins qu'en ont tousiours vsé les meilleurs Maistres de l'Eloquence Grecque & Romaine, soient Poëtes, soient Orateurs.

SVIVENT
LES LETTRES
LATINES DV
MESME AVTHEVR.

VALLAEVS THEOPHILO SVO.

EPISTOLA I.

NON quo me in animum reuocem tuū mi Theophile, (quis enim vnquā oblitus sui) sed vt ad me rescribas tibi scribo, non enim quid-

quam de te nisi à te volo. Auet animus scire quò te tandē tua fata vocāt, & si Gallia nostra te incolumem potiri volet, aut si aliqua beatior terra. Exulem imo florentem habebit Theophilum. Quorescumque cadet vnum & commune exilium,
Vna quies ambobus erit.
Quam primum poteris ad me scribas velim, ne litteræ tuæ me offendant redeuntē. Quod ad me attinet satis bene mihi est, & quantum potest sine te inter enim,
———horrentia latè,
Culmina, & æterno damnatos frigore montes:

ardorem ex niue collegi. Dij Boni! Quantus in tinera virgine & vultus & animi candor; sed coram plura, tu vero si quid me vis, facies certiorem. Intra dierum duorum spatium tibi me sistam; Interim vale mi Theopolile & tui amantissimum Vallæum semper dilige.

Rigomaci 11. Cal. Octob.

THEOPHILVS
VALLÆO SVO.

EPISTOLA II.

Tædet mi Vallæ è nõ tui, nam tædet morarũ tuarum. Quid ad me tenera tua virgo, & illius vt ais vultus & animi Candor? Tu minimè candidè mecum agis; deseruisti exulem & aduersæ fortunæ meæ ludibrio, absentiam quoque

quoque tuam adiecisti, neque pateris iniuriam meam modo, sed auges vehementer; non ita complures amici mei quemadmodum tu, sortem meam auersantur. Instat sollicitè & Regi & iudicibus meis Dominus meus de Lyancourt, & crebris epulis amicus noster Dominus Luilier, quæ tu debueris solatia nobis exhibet. Qua tu opera quæso, aut officij aliquod, aut amoris specimem præbuisti ? Amas me equidem, & planè constat, sed amari te nimium securè intelligis (*& tu ne veux pas reuenir.*)

Nec venit ante suum nostra querela diem.

Nisi te redeuntem nostra offendat epistola, me tuæ litteræ nisi abeuntem non consequentur. indictum est pridem exilium, & concessa colligendis sarcinis spatia excessere totos sex dies, nunc latitare cogor, Noctua sum; hodie apud Lulerium expecto noctem quæ me ducat ad alium; non tibi semper Theophilo quamuis tuo & volente frui licebit. Sed parce misero etiam indignanti. Si me amas saluus sum. Iterum vale & tuos Comites meis verbis quantum libuerit salutato.

THEOPHILVS
DVCÆO SVO.

EPISTOLA III.

Mitto tibi Cytharam non vnde petieras, sed hinc ex proxima vicinia mutuatam: ni illa arrideat suppetet alia. Non stabit per me quin omnibus machinis expugnentur morborum tædia & si quid ad huiusmodi solatia noster conducit aspectus, hodie periculum faciam. Bene vale & me ama.

AD DOMINVM LVLERIVM.

EPISTOLA IV.

EXcessit nuper ædibus nostris valetudinis causa Ducæus, solus agit & æger ac depellendo otii sui fastidio Cytharam à me obnixè flagitat. Si qua tibi suppetit vnde id ei solatii exibere possis, exple quæso illud desiderium amantissimo vtrique nostrum vt arbitior adolescenti. Cæterum retulit mihi tuis verbis de sero ** reditu. Illæ moræ ne quid mentiar anxium me habent. Tu me quæso certiorem facito vnde id acceperis infausti nuntii & Frater tuus num aduenerit me mone. Est enim vt de eo quoque apud te conquerar : irrisit quippe temerarias quasdam lineas quibus illi apud te salutem scripseram. Tu bene vale & me ama, neque vlterius criminales hospites nostris epulis adhibito; ego eos morum meorum exploratores conijcio & coram magistratibus tunicis , tam captus sum quam in vinculis, nihil est tamen quod recte agenti & parcè loquenti ab ipso Catone cauendum sit aut timendum. Sed coram huiusmodi Testibus qui iudicum saltem imaginem ferunt si personam non sustinent, vix dum benè superati periculi, extinctique rogi, memor animus in sales & iocos excurrere liberè, aut frontem curis solutam explicare non audet. Quid ergo mirum si quod præteritæ Captiuitatis amarititudinem auget, & præsentis libertatis dulcedinem minuit, etiam inter epulas auersetur aut impatienter ferat ? Patere obsecro molestos istos Codicillos & nihillo secius Amantissimum tui Theophilum diligito.

AD EVMDEM.

EPISTOLA V.

Aliquot Amicis totum iam triduum intentus vix me ipso potitus sum. Iam demum redit libera libertas quæ mihi istius schædulæ copiam facit. Suaue est & pergratum, nostrum tibi otium impendere. Si id tua negotia patiantur, redderem tibi rerum mearum & omnium cogitationum etiam rationem effusissimis litteris. at multo charius haberem id tibi colloquio exequi. Incipit vrgere me vehementer tui desiderium & licet tui recordatione minus quietæ mihi labantur dies (afficior enim grauiter absentia tua) nolim tamen vllum fluere mométum, sine aliqua imagine quæ mihi tui conuictus gaudia identidem representer. Quoties de Vallæo, fere toties de te memini & de vtroque æqua planè æstimatione cogito : gratulor fatis meis quod eadem nota ingeniorum nostrorum diuinos spiritus a cæteris mortalibus discreuerint, & siue ille error naturæ sit, aut ludus, Ego pro summo beneficio habeo?

Neque hæc sine numine Diuûm Eueniunt:
Cæterum magis magisque propagatur in nobis Catholicæ pietatis amor, & diebus singulis ad Altaria & mentem & genua flectere, iam cessit in voluptatem; vno verbo Theophilus sum. nisi dum ista scribo aduenisset repentè Nuntius instare ædibus meis Epulones significans, aduolabam tibi, impatientissimis oculis scruta-

turus quid mihi tuus vultus de mea tuaque valetudine prænuntiasset, arrisisset certè & quam primum te adire concedetur, comiter excipè tui cupidissimū Theophilum. Scripsi 3. Idus Octobris anno a partu Virginis Matris Dei 1625.

AD EVMDEM.

EPISTOLA VI.

EXcessit vltima expectationis hora, & tu solus votis omnium desideraris, ad consommatam epularum hilaritatem; Veni igitur aut potius aduola. sin minus tui loco nobis Hispanum quod promisisti vinum mittito, ne vtrimque feceris irritam fidem quod minus steteris pollicitis haud mirũ erit si te de vulgari amicorum nota cenfemdum exiftimes, at mirum eft tamen quoniam te hactenus amiciffimum præftitifti : Nulli mihi conuiuæ præter te expectabantur. Quod vero de antiquitatis reuerentia caufaris, fluxum eft & futile, noftrum ille fi prohibeat conuictum & victum auferat. Vale.

VALLEO SVO AMATISSIMO.

EPISTOLA VII.

SCripseram ad te paulò iracundius quod deseruisses exulem & vltra pollicitum tēpus, absentem acrius increpabam, at bono fato interceptæ sunt contumeliosæ illæ litteræ quæ tibi si me amas (at me amas profecto) molestiam erant exhibituræ. DD. **. ad me me hodie venere & mihi de tuo reditu, & prosperâ valetudine nuntiâtes, haud mediocri me affecerunt voluptate. Ingratum est tamen quod in remotioribus hæres locis; & vltra triginta leucas distare adhuc Vallæum meum, ægrè ferrem aut incusarem ni excusaret secessus tui causa. Moribundo quod assides Patruo non queror, sed gratulor, nam licet tuæ moræ me semper anxium habeant, laudo tamen humanitatem tuam & si quid meæ preces apud te valent ægrotum obsecro ne deseras donec conualuerit. Ego si medicus essem præsto tibi cum arte mea adfuturum non dubita. At me ipsum vt curare possim non paruæ est operæ bene vale ** præclarè mecum agit & omnifariam præstat se tui meique amantissimum; Epulis & Epistolis frequenter agimus sed nunquam sine tui desiderio;iterum vale & me ama scripsi duodecimo Calend.Nouemb. anno à partu Virginis Matris Dei 1625.

AD DOMINVM DE LA PIGEON-niere.

EPISTOLA VIII.

QVàm tersè & emendatè scribas, quàm religiosè amicos colas, quàm præclarè de Theophilo etiam exule cogites, docuit me epistola tua ad Vallæum ac totam mentem insolito gaudio pertentauit. Petis ab eo vt totam rerum mearum seriem tibi explicet, nosti mollem & desidiosum Adolescentem nullum nisi in voluptates suas momentum impendere. Miror vnde tantillum latinitatis in tam lubrico ingenio hærere possit. Est tamen in tanta scientiarum incuria & iuris, & Philosophiæ & humaniorum litterarum peritissimus (Natura enim fecit eruditum) mihi verò si quid Genius indulserat nascenti, pertinax aduersæ fortunæ meæ liuor aut eripuit aut sepeliuit. Si quãdo vacat aut licet de nostris ærumnis conqueri, habebitis ingenti volumine totam vitæ

Mr. THEOPHILE.
meæ syntaxim explanatam. Interim noua identidem infortunia de præteritis nec gemere nec meditari sustinent. At ego siue fœlix siue miser tuus sum sed fœlix si tuus. bene vale & me ama.

AD DOMINVM LVLERIVM.

EPISTOLA IX.

Vallæus noster (qui fuit olim meus) plusquam par est sibi licere putat, & intempestiuam ni fallor superbiam captat: Tam egregiam & Corporis & Animi formam quo studio & reuerentiâ sim prosequutus hactenus, nouit. Ita me cum illo gessi vt præter cæcum obsequium & nimiam adulantis animi mei facilitatē nihil est prorsus quod illum lædere aut me pœnitere debeat. Ille tamen tanquā aut odisset improbū, aut fastidiret importunum, insurgit nōnunquam in verba & vultus meos, adeò petulanter, vt impudentem se fateri aut inimicum profiteri necesse sit. Nescio an heri aduerteris quantà ferociâ Philosophicas illas nugas aduersum me tutari se significauerit: incautus Adolescēs ob huiusmodi deliria, mentis bonæ securam libertatem pro inscitia ducit, & quidquid garrire docet, Scientiæ opus existimat. Miratur & magnifacit personatum illum libellum quem nouus Author de veterum Philosophorum scrinio tanquam centonem suffuratus est. Quid meâ refert, quid aut iste aut prisci omnes de mundi causa inuestigauerint, cum planè constet nihil illos de tanta re compertum vnquam habuisse? Scholarum sunt ista ludicra & mercenariæ Pædagogorum fraudes. Ego homines his artibus eruditos, aut meliores aut fortiores euadere numquam crediderim; atque inter temulentorum loquacitatem & Argutatorum strepitum parum interesse reor. Pudet me cui vnum aut alterum duntaxat volumen legisse contigit, in nullum ferè librum incidere, cuius opus ab Authore meo non videatur repetitum. Conspectum est pridem quidquid cœlitus intueri nobis Natura concessaret, qui maximam in huiusmodi secretis merentur fidem, eos esse putem quorum studium circa Cœlorum motus & Astrorum speculationem versatur. At illi, quàm se intricent, quàm varijs erroribus sibi cæterisque fucum faciant, quàm incertis vaticinijs credulam hominum curiositatem & foueant & eludant, videre est: Ego hactenus feci. Id te obsecro Vallæum nostrum qui meus fuit olim iterum atque iterum mone, seque omnibus adulterinæ sciētiæ inuolucris totum expediat. Id solum meditetur quod quietem spectat. Corpus & Animum curet assiduè, sibi studeat, mihi ne vlterius obstrepat, tinniunt etiam num aures mihi, hesternis aliquot conuicijs quæ licet ore mussitante & fractis vocibus intima cordis tamen perruperant, acriore hac sæuitiâ mihi sibique confulit, namque illius odium & iras, neque meus amor vnquam ferre, nec mea virtus mitigare vnquam sustinebit. Donec ille à me amabitur, nisi me amet infœlicem vtrumque puta. Tu perge vt cœpisti in ea tui conuictus suauitate & interpone dissidijs nostris illam comitatem, quâ nos vnà cum fraterculo tuo complexurum vltimis votis pollicitus es. Bene vale.

AD ERVDITVM VIRVM DOMInum Bertium.

EPISTOLA X.

Expecto diligentiæ tuæ fructum eâ horâ quam indicasti: Gratum erit Domino intelligere quàm minimè perperam beneficium in te conferat. Perexiguum id sanè; quod parcius magnificentia tanti Principis vtaris, neque illius neque meum vitium est. Si tibi aut Hero suo grauis est puer Æthiops, tradite mihi alendum, sin meliori fortunâ dignum arbitramini, nihil moror quominus alibi mancipetur. Vale.

AD EVMDEM.

EPISTOLA XL.

STatim atque surrexerit Dominus meus, illi tuis verbis splendidum illud munus quo me licet immeritum dignatus es, offeram, & si quid tuis laudibus ex mea commédatione possit accedere, præstabo sinceré quidquid ab homine amicissimo, & virtutis tuæ studiosissimo cultore ex-

pectare fas est. Cætera quæ
iubes exequar, neque per me
stabit, quominus tantum Virum
meus Mæcenas quâ debet
munificentiâ semper foueat.
Bene vale & tui obseruantissimum
Theophilum ama.

AD CARISSIMVM VALLÆVM.

EPISTOLA XII.

Qvæso te Mœlibeum nostrum ad me mittito, & reuoca si possis in memoriam illum Senecæ locum, ex quo me Plagiarium suspicamini, vix contigisse puto, vt idem sensus in tam dissimiles inciderit animos, neque cuiquam præter oculis

Mᴿ THEOPHILE. 385
oculis meis de eo casu fidem faciam. Post hesternam cœnam, cum multùm obtusus garrulitate vestrâ me domum reciperem, exhilarauit mihi mentem, faustum de Pyramo meo nuntium, qui maximo vniuersæ prorsus Aulæ fuit exceptus applausu. Id demùm mihi datur vitij, quòd nimiâ vi Carminum correctæ Spectatorum mentes minùs Comœdiæ quàm funeribus interfuisse conquerantur. Rex preclarè de me cogitat sed cogitat solùm. Dux ipse, Captiuitatem meam fauenter colit & Libertatem segniùs sollicitat. Vere-
Bb

tur puto ne eo vti nolim si carere possim, & miserum me mauult habere, quàm nullum Ille tamen si bene noscet ingenium meum, id daret operæ, vt quàm promptissimo beneficio diutissimæ me seruituti addicer et. Quam minimè sim nequam, quamque parum proficiat mecum cautè agere tu nosti & semper nosciturus es. Bene vale.

AD EVMDEM.

EPISTOLA XIII.

EXpectamur ad prandium apud militarem illum Senem, de quo tam magnifica olim audisti. Tu ne desere Vadimonium & solo Contubernali tuo comitatus veni. Opperior vos hîc aut Carpentum tuum, quò ad vos deuehar asseuerabat heri maris Prefectus nos intra triduum tandem abituros. Sic ab ignibus ad vndas vocor, sed Deus adiutor meus: namque erit ille mihi semper Deus. Scripsi pridie Idus Nouembris, anno à Redemptore nato qui supputatur millesimus sexagesimus vigesimus quintus.

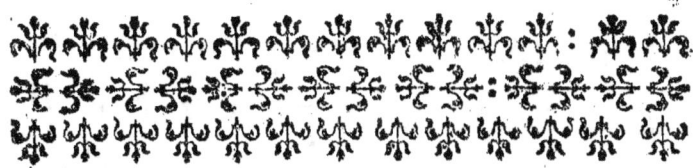

AD DOMINVM LVLERIVM.

EPISTOLA XIV.

NE quid infirmitatem stomachi causeris inuito te ad Comœdiam tantùm, quod tibi aurium non oris oblectamentum erit. Heri apud nos Dionysia fuere & dilata in hodiernum diem Pyrami nostri Scena, monet iterùm in cubiculum meum aliquot Cœpulones conuocari. Si qua pridie festiuitate erant, eadem pergunt. Haud te pœnitebit illorum alacratiti vultum saltem tuum accomodasse. Ego me tibi tot dies non visum, aut negligi aut fastidiri puto. Bene vale & me ama, vt valeo & te amo.

AD CAROLVM SANGVINVM.

EPISTOLA XV.

REnuntiatum est mihi Adolescens carissime Fratrem tuum nuper è Turonibus accepisse nonnullos versus in honorem meum editos. Eos si tu quàm primum mihi reddendos curas, pergratum facies, neque me vulgari afficies voluptate, si antè discessum meũ huc te conferas. Etenim te insalutato iter longinquum inciperem inuitus. Vidissem te frequentius nisi apud homines habitares mihi multis nominibus inuisos. Expecto te quâ horâ iusseris in ædibus Monmoranciacis, adesdum hodie: Cras enim me perperam conuenires. Bene vale & me ama si mihi liceret ad te aditus nulla mora quin te protinùs inuiserem nolo tamen negante medico & resistente morbo per adeò nebulosum aerem nos conuenias. Nescio quid mihi venerat in mentem tantâ pertinaciâ hesternum tuum alloquium concupiscere, vel solo aspectu tuo coenaturus. Instante discessu laborat animus absentiâ futurâ, quam Deus precor breuissimam faxit. Iterùm vale & me præ cæteris semper dilige.

AD VALLÆVM
EPISTOLA XVI.

Nihil habeo quod ad te scribam, at scribo tamen; tu quoque licet nullam habeas amandi mei causam ama me tamen. Abero paulò quàm credideram diutiùs & infoeliciùs. Quippe nobis assignatur apud Oceanum vaga & periculosa sedes Scopuli, Vada, Ventus & Vndæ. Hominum societas dura aut nulla, & siue stertas, siue vigiles, siue ebrius sis siue sobrius & titubare vbique & vomere necesse est; tu secure dormi, valetudinem tuam cūra, vtere te ipso & tota Lutetia. Bene vale.

AD EVMDEM.

EPISTOLA XVII.

Contigit mihi iter meum pergenti, ridiculum quiddam, cuius te vt meorum omnium participem facere non erubescam. ecce dum ***, aduétamus, propemodum portas subituris aduolauit nobis Nuncius qui nomine Principis obnixè rogaret Dominum ne me secum in vrbem inueheret.

Neque aliam adduxit deprecationis causam, quàm quod sibi nefas existimabat hospitalibus tectis excipere hostes ** cui nuper ille arctissimo amicitiæ fœdere se iunxisset ; et ego, inquit, Dux meus vehementer illum rogo, huiusmodi fœderatum meo etiam conspectu prohibeat, & cum dicto vrbem intrauimus atque in ipso Principis limine currum sistens solus palatium ingressus est, ac mei ergo nullum sibi Comitem adsciscens nos omnes in proximum diuersorium dimisit; mox vt testaretur palàm quanto me studio profequeretur altâ voce iussit epulæ mihi quâ fieri posset lautitiâ struerentur. Iste me sanè tantâ comitate complectitur, tam multis & minimè fictis officijs demeretur, vt planè appareat sincerum esse & genuinum affectum, nullo fuco Aulicorum maculatum. Ego illius beneuolentiâ gauisus & somno & cibo suauiter indulsi. Dictitabat identidē Princeps inuitum se aspectu meo carere & alloquium meum pluris mercaturum, si per Amicum liceret. Posterâ die cum ingratæ & desolatæ vrbis tœdio secessum quærerem ingenio meo, magis fecit Dominus meus discedenti copiam neque sine honorifico comitatu passus est abire, imò & coquus iussus est sequi, qui mihi illius absentiæ molestiam omni condimentorum genere leniret. Dum autem ille Biduum cum suo Principe satis graues moras agit, ego biduum in deserto rure formosæ Calistes recordationem colo libenter. Repeto meam tam eximiam & vultus & ingenii pulchritudinem quam aut oculis aut mente totam complecti nemini vnquam mortalium concessum puto. Ego in illius recordatione plus igniõ, quàm quiuis alius in totius corporis intuitu cõcipio. Adest abseti præsentissima pristinæ foelicitatis imago, quæ nullis locorum vel dierum spatiis aut remotior vnquam aut adultior futura est, minabatur illa nuper nobis' instare sibi annum vigesimum quintum, fallitur illa profectò, nunquam enim senescet quandiu vixero. Tu qui illam nosti tanquam me nosti, obsecra meis verbis, vt interdum de me cogitet, id si mihi ratum facis, ampliorem se meruisse gratiam glorietur, quàm si de Exule, fecisset Imperatorem tuum mancipium,

Mr THEOPHILE.

pium. Sed hactenus de Caliste. nunc de te verbum vnum deque. ** Quos nobis tam æquæ diuinæque necessitatis vinculis alligatos, si quis auellere conabirur, violatæ naturæ reus esto. Cæteram Amicorum Cohortem quantum meruere diligito, Tuam indolem qua humanitate prædita est nemo vnquam etiam de te meritissimus ingratitudinis insimulabit. Verendum mihi semper quia tantopere amaris, neminus ames. Fœminarum periculosa consortia cautiùs ingredere, & quantum libet facilis tuæ cupidini pateat aditus, aduerte quæso quàm lubrica plerumque initia asperos exitus sortiantur.

AD

DOCTISSIMVM
VIRVM PITARDVM.

EPISTOLA XVIII.

IN dignarer immodicis laudibus quibus verecundiam meam lacessis, ni tanto essent elequio conditæ, vt sic quoque irrideri, haud sit ingratum. Miror autem si quo in me studio tam elegantes litteras exarasti, quid tam inopinanti & immerito adeo, non vulgarem virum, conciliauerit nomen. Qui me de fama norunt, malè me norunt. Flagitiosus audio & indoctus. Tu verò quasi meo nomini nihil crederes & bonum & eruditum saluere iubes. Exploratum est tibi scilicet adagium; *Fama cui nihil inuisum, est æquè ac vera virtus.* Neque illud tam in mei gratiam dictum velim, quàm vt tibi videar intelligere rationem quà me diligas, neque temerè, te in nouis hominis notitiam irrepsisse. Si iuuat quod impetrasti recentis amicitiæ

Mr. THEOPHILE. 405
fœdus fouere, dabo operam
ne te humanitatis tuæ pœniteat
& experiere ni fallor, si minus
mentem eruditioni tuæ con-
gruam, non saltem à probita-
te tua abhorrentem. Cæterùm
Musis meis hodie in Encomiũ
præsidis de Bellievre, satis ala-
criter incumbentibus, accessit
tuum *nihilum*, vnde nobis
non nihil, imò plurimum &
voluptatis & auxilij suppetit.
Mirum quanto sale multos ibi
philosophiæ sinus resperseris,
& quantam de *nihilo* apud nos
admiratione excitaueris. Dum
enim tuum Carmen lectito, ita
um affectus, vt mihi visus sim

Cc iij

cum ipso Apolline verba facere. Vbi peractum erit opus meam rependam vicem muneri tuo, & nisi pari Elegantia affectu certè pari. Bene vale & me ama, Sellis Biturigum in Palatio Comitis Bethunij.

AD EVMDEM.

EPISTOLA XIX.

SOllicitat me interdum celeberrimi nominis tui Amor, Doctissime Pitarde, vt ad ea me studia conferrã, quibus tu tantum gloriæ apud eruditos omnes consequutus es, idque quò tutiùs & facilius aggredi queam consulo te de mei instituti ratione,& quibus potissimum philosophorum libris credere debeam initium laboris mei. Quæso ne te pigeat indicare. præstiteris te sine dubio mei amantissimum si id des operam, vt compendiariâ quadam viâ tam sinuosæ scientiæ recessus minori negotio liceat superare. Erupit nuper secta quædam Argutatorum qui se vniuersam Stagyritarum molem funditus euersuros confidentissimè profitentur, & inueteratis dudum erroribus laboranti sæculo præsto se medelem habere iactitant. Illi quamquam philosophi minus quàm Circulatores audiant, non desunt tamen qui bus sua verba venditet. Ego doctrinæ vestræ planè rudis neque certè admittere nec prorsus innouatores istos auersari sustineo. Nunquam enim in animum induxi meum. Naturam cuiusvis mortalium adeo se præbuisse nudam & parcam adeo vt solum Aristotelem habuerit à secretis. Multa nos tot deinde annorum experientia secus admonere potuit, quamque suis minime careat næuis tantus vir non te latet quem nihil illius latet. Istos itaque Neotericos si per te licet audire, libet; cautiùs tamen atque câ fide quàm à senioribus mereantur res nouæ. Plurimum ad id cœptum nobis erit adiumenti vir vt intelligo de litteris deque te bene meritus D. Seneus, cuius aduentum expectamus auidissimi Dominus Comes Betunensis & ego. Vrge illum Musarum mearum nomine, quæ tam isto Cælo delectantur, vt nullum vnquam sibi gratius illuxisse putent. Ædes magnificæ, hortorum amœnitas mira, nitidisimi fluminis lapsus, garrulus vndarum fluxus, Epularum ea elegantia quæ voluptatem sine fame & saturitatem pariat sine fastidio, & supra

Mʀ THEOPHILE. delicias omnes cultissimum nostri Comitis ingenium. Ibi nihil morosum, nihil non nobile est & aulicum, præter eruditionem & priscæ illius veræque virtutis stigmata quibus tam pauci nostri nobiles sunt insigniti ; omnia denique hic bonœ mentis oblectamenta nobis suppetunt, vt planè intelligas Theophilum paulò quàm Nasonem suauius exulasse. Bene vale & me ama, Sellis Biturigum anno Domini 1626.

OEVVRES DE

AD PRINCIPEM POLONIÆ.

EPISTOLA XX.

POllicitus es princeps Clarissime præbiturum te mihi aliquod exemplat earum Epistolarum, quas ad te de patibulo meo scripseram. Vt id mihi beneficium accomodes meus à pedibus nunc ad te, & quem nisi non inanem, dimittas, pergratum facies. Cæterùm si quo obsequio meam, tibi fidem probare cupis, præsto sum ad mandata quæuis paratissimus Theophilus.

AD VALLÆVM SVVM DILECTIS-SIMVM.

EPISTOLA XXI.

Satis fœliciter & quantum potuit sine te, hesternam vigiliam exegimus. post enim Cœnam quæ hilaris fuit, vt improuisa solent, & lauta qualem apud Brossæum decuit, adij expectatissimus ornatas mulieres, & ingenuas formâ: vtraque cunfidentissimo colloquio imam mihi mentem aperuere. Iunior autem diù multùmque infandi coniugii ærumnas conquesta est, atque ideo maritum abhorrere videbatur, vt mihi aliquam sui amoris spem faceret. Ego tamen naturæ conscius, illam accersere nolo fortunam. Bene vale.

OEVVRES DE

AD DOMINVM COMITEM DE CANDALE.

EPISTOLA XXII.

Habebis aliquando ingenti volumine explanatam rerum nostrarum seriem. Tot insultus fortunæ, tam varias vitæ nostræ vices, Historiæ est non epistolæ complecti. Gratulor interim Deæ Famæ quam antea semper oderam,

post-

postquam illa de gestis tuis, tam magnificè prædicat. Virtus tua in eam tandem pulchritudiné adoleuit, vt supra omnem inuidiæ liuorem emicet vndequaque nomen tuum. Perge Domine in eo & Armorum & Literarum decore, quod tibi tanto studio indulsit Deus; mihi si liceat inter vos Exilium haud Exul ero, & nisi properes ad nos reditum, accenditur in dies animus, vt eò me conferam, vrgetque me magis magisque, tui desiderium. Tu patere affectum syncerum donec absum, & cum adero fruere obsequio fidelissimi tui Theophili & bene vale.

DOMINO
COMITI DE CANDALE.

EPISTOLA XXIII.

Quos petiiste Domine de Zelotypia versiculos ad te mitto, parum vt opinor nunc expectatos, nam immutata iam amorum tuorum. Scena planè diuersum postulare videtur argumentum. Gaudeo malè susceptos Æmulorum tuorum ignes, in fumum euanuisse: næ illi malè feriati sunt qui Venerem à Martis amplexibus auellere, & de manu Iouis fulmen excutere moliuntur. Fruere tantâ fortunâ, neque patiare deinceps iniquâ suspicione, & vano aulicorum murmure, tam eximiam voluptatem tibi interturbari. Ego vero ad id potissimùm, quietem tuã votis omnibus prosequor, quia ni tibi bene sit, pessimè semper mecum esse existimo. Bene vale, te Deus seruet incolumem precor.

AD PAVLVM FRATREM CHARISSIMVM.

EPISTOLA XXIV.

Quod à me nullas tot mensibus literas acceperis in promptu causa est, intelligebam scilicet & fratri simul & hosti scribendum esse, atque eidem & conuicia & salutem mittere me posse non putaui. Diutino itaque diffidio agitatus hæsi, donec illam animi mei litem & ratio & natura diremerunt; neque fratrem vlterius odisse passus est naturalis amor, imò & tã strenuum hostem laudare, nostri esse officij ratio persuasit. Licet mihi tua consilia prorsus improbanda sint, & te non esse nostrarum partium, quotidie meus amor ingemiscat, non possum tamen de Magnanimitate tua tot audire citra maximam animi mei voluptatem; Tot labores etiam in perniciem nostram & fœliciter cœptos & fortiter superatos tibi gratulor, & si quod est scelus fortem esse, tua etiam crimina non diligere non possum. Renuntiatum est nobis de cruento quodam prælio in quo Dux d'Elbœuf Exercitui regio præerat; ibi te inter nostrorum cadauera & tuorum Stragem obrutum hostium multitudine, puluere & sanguine resperfum, quidam mihi noti, armis te spoliatum inuenerunt; Et quoniam meus fuisti Frater minùs funt suâ sorte vsi atque argento saltem tibi libertatem concesserunt. Est certè aliquod beneficium te dimisisse, at vicisse &

Dd iiij

spoliasse, longè grauior iniuria est, nisique Martis propria esset atrocitas, atque è nostris pauci peiori fato collapsi, infotunio tuo vicem rependerent, vix condonarem etiam de me bene meritis militibus, & inimici gratiâ in meos ipse hostilem animum gererem. At iam Frater vtrinque satis sæuitum est, recipe te in tuum otium, & quod superest ætatis, vtere gloriâ tuâ. Quod si tandē insanæ Religionis cæcum amorem non meo exemplo, sed tuo ipsius ingenio discutere valeas, ad nos accede, & in partem fortunæ nostræ veni. Vide quæso quæ sit Magnatum tuorum fides; quam illi profiteantur pietatem, fucus est & imperitorum esca. Te frater cui Deus tantam indulsit perspicuitatem mentis, in obscuritate plebeiâ delitescere fœdum est ac pudendum. Consule te ipsum, obsequere rationi tuæ, & quam ipse Vniuersi author atque adeò totius Orbis structuræ animo tuo lucem effundit, admittito. Stringe tantisper oculorum aciem, tenuior est hæreseos nebula, quam vt remorari possit audacter intuentem. Turpe est quos infantia suscepit prauos metus, confirmatum iam animum & statam ætatem terrere. Non tua ista est si bene nosti, sed Nutricis tuæ religio, & præceptorum qui te magis de consuetudine quam de propria ipsorum libidine fortassis educarunt: Sed quid ego de ipsis ad te plura? Tu te pertinaciam tuã fortiùs aggrediere & superabis faciliùs. Verum de Regijs & diuinis hactenus. Iam amotis serijs & relicto Cœlo, quid quæso Tellurem colat rusticus noster Daniel, volo etiam percõtari? quid ab ipso messis primordio tam solers agricola de tam fœcundo solo collegerit, num in tantâ bellorum rabie fundum nostrum licuerit à viciniâ discernere, num nuldâ & inermi manu proprios fructus decerpere? quis segetis prouentus, quæ futuræ vindemiæ spes emicet, quid Soror valeat, quàm de connubio cogitet, quàm pruriat, quàm nouerca tussiat, quàm sæuiat Quid Ancilla tandem paritura sit, ad me scribito. Sed illud opus ni tædeat vasconicis versibus confice, si quos ex amicis hauserit fatum, eodem stylo conscribito, ne luctus accedat sine solatio; scito durare etiamnum quæ olim fuit nostra lætitia, & quo vlterius duratura sit, meam esse curam maximam, tibi si liceat idem, parum est quod reliquis meis fortunis inuideas, non magis enim hortor nostro gaudio quàm aëre nostro vtaris, & toto semper potiaris Fratre tuo Theophilo, Bene vale & me ama.

FIN.

www.ingramcontent.com/pod-product-compliance
Lightning Source LLC
Chambersburg PA
CBHW070334240426
43665CB00045B/1895